大学生素质教育教材

大学劳动教育与实践教程

主　编　朱华炳　鲍　宏
副主编　彭　婧　高　荣　杨　琦
参　编　吕孝敏　任泰安　施大顺　甘　婧
　　　　吴　炜　陈　静　何春华　夏　坤
主　审　桂贵生

机械工业出版社

本书是普通高等学校劳动教育课程的通识必修教材，根据教育部《大中小学劳动教育指导纲要（试行）》编写。

本书全面贯彻《中共中央 国务院关于全面加强新时代大中小学劳动教育的意见》的精神，落实构建德智体美劳全面发展教育体系的要求。以工业、农业、服务业、生活与公益等不同方面的劳动实践项目为载体，体现"强化劳动观念，弘扬劳动精神；强调身心参与，注重手脑并用；继承优良传统，彰显时代特征；发挥主体作用，激发创新创造"的劳动教育基本理念。劳动实践项目设计注重理论与实践相结合，尤其突出大学生劳动教育的实践性，旨在提高当代大学生的综合素质，达到德智体美劳全面发展的育人目的。

本书既可作为普通高等学校劳动教育课程的教材或教学参考书，又可供职业院校教学使用。

图书在版编目（CIP）数据

大学劳动教育与实践教程/朱华炳，鲍宏主编. —北京：机械工业出版社，2023.5

大学生素质教育教材

ISBN 978-7-111-72371-4

Ⅰ.①大… Ⅱ.①朱… ②鲍… Ⅲ.①劳动教育-高等学校-教材 Ⅳ.①G40-015

中国国家版本馆 CIP 数据核字（2023）第 085404 号

机械工业出版社（北京市百万庄大街22号 邮政编码100037）
策划编辑：丁昕祯　　　责任编辑：丁昕祯　单元花
责任校对：肖　琳　梁　静　封面设计：张　静
责任印制：常天培
北京铭成印刷有限公司印刷
2023年8月第1版第1次印刷
184mm×260mm·10印张·205千字
标准书号：ISBN 978-7-111-72371-4
定价：59.00元

电话服务　　　　　　　　网络服务
客服电话：010-88361066　机 工 官 网：www.cmpbook.com
　　　　　010-88379833　机 工 官 博：weibo.com/cmp1952
　　　　　010-68326294　金 书 网：www.golden-book.com
封底无防伪标均为盗版　机工教育服务网：www.cmpedu.com

PREFACE 前 言

  劳动教育是中国特色社会主义教育制度的重要内容,是构建德智体美劳全面发展教育体系的重要组成部分,是决定社会主义建设者和接班人劳动精神面貌、劳动价值取向和劳动技能水平所必须开展的教育活动。为全面贯彻习近平总书记关于教育的重要指示与要求,深化落实《中共中央 国务院关于全面加强新时代大中小学劳动教育的意见》,2020年7月,教育部印发的《大中小学劳动教育指导纲要(试行)》(以下简称《纲要》)中明确要求,劳动教育应具有鲜明的思想性、突出的社会性以及显著的实践性。《纲要》要求劳动教育的总体目标:准确把握社会主义建设者和接班人的劳动精神面貌、劳动价值取向和劳动技能水平的培养要求,全面提高学生劳动素养,使学生树立正确的劳动观念、具有必备的劳动能力、培育积极的劳动精神、养成良好的劳动习惯和品质;劳动教育的主要内容应包括日常生活劳动、生产劳动和服务性劳动的知识、技能与价值观;普通高等学校应强化马克思主义劳动观教育,注重围绕创新创业,结合学科专业开展生产劳动和服务性劳动,积累职业经验,培养创造性劳动能力和诚实守信的合法劳动意识。

  本书是普通高等学校劳动教育课程的通识必修教材,主要包括劳动教育概述与劳动实践两个方面的内容。劳动教育概述主要介绍了大学劳动教育的目标、内容、意义,以及大学劳动教育实践项目设计与实施的方法。劳动实践的主要内容有工业劳动实践、农业劳动实践、服务业劳动实践、生活劳动实践和公益劳动实践。劳动实践项目紧紧围绕劳动教育的根本目标,以国家课改指导纲要为依据,以学生为中心,以培养学生的基本素质为宗旨,力求理论与实践相结合,增强学生的动手能力,发展学生的创造性思维。工业、农业、服务业、生活与公益等不同方面的劳动实践项目注重培养当代大学生胜任专业的劳动实践能力、学农爱农思想与吃苦耐劳的品质,有利于当代大学生增强服务意识与社会责任感,树立劳动教育与生活实践相结合的观念,促进大学生劳动教育向立足生活、创造生活的转变。

  本书是集体智慧的结晶。本书由朱华炳和鲍宏主编,彭婧、高荣、杨琦为副主编,参编的主要为高等学校实践教学一线骨干教师、德育工作者及后勤服务管理者。

  各章编写人员如下:第1章由合肥工业大学朱华炳、吕孝敏、鲍宏编写;第2章由合肥工业大学彭婧、鲍宏、淮阴工学院高荣编写；第 3 章由合肥工业大学任泰安、施大顺编写；第 4 章由合肥工业大学甘婧、吴炜编写；第 5 章由合肥工业大学陈静、安徽工业大学杨琦编写；第 6 章由合肥工业大学彭婧、陈静、何春华、夏坤编写。

全书由朱华炳、鲍宏、彭婧修改并统稿，桂贵生教授担任主审。

本书注重劳动教育理论与实践相结合，尤其在劳动实践项目方面进行了一定程度的有益探索，编者为此投入了大量的心血。尽管《纲要》对劳动教育相关内容的阐述十分清晰，但新时代大学生劳动教育实践教材在我国尚处于探索阶段，教材的适用性仍需要在使用过程中进一步调整与完善。热忱欢迎广大读者提出宝贵意见和建议，以便再版时修订。

编　者

2023 年 1 月于合肥

CONTENTS 目 录

前言

第1章　劳动教育概述 ... 1
- 1.1　大学劳动教育的目标 ... 2
- 1.2　大学劳动教育的内容 ... 4
  - 1.2.1　劳动价值观教育 ... 4
  - 1.2.2　劳动态度、劳动精神及劳动意志教育 ... 5
  - 1.2.3　劳动习惯教育 ... 6
  - 1.2.4　劳动知识和劳动能力教育 ... 6
- 1.3　大学劳动教育的意义 ... 12
  - 1.3.1　有利于促进大学生全面发展 ... 13
  - 1.3.2　有利于完善高校思想政治教育 ... 14
  - 1.3.3　有利于实现中华民族伟大复兴的中国梦 ... 15
- 1.4　大学劳动教育实践项目设计与实施方法 ... 15
  - 1.4.1　劳动教育实践项目设计的基本原则 ... 16
  - 1.4.2　劳动教育实践项目应具备的特性 ... 16
  - 1.4.3　劳动教育实践项目设计方法 ... 17
  - 1.4.4　劳动教育实践项目实施的基本程序 ... 18
  - 1.4.5　劳动实践项目的评价与考核 ... 19
- 参考文献 ... 22

第2章　工业劳动实践 ... 23
- 2.1　实践项目1：质检员职业体验劳动实践项目 ... 24
  - 2.1.1　概述 ... 24
  - 2.1.2　质检员职业体验劳动实践 ... 25

2.2　实践项目2：机床日常维护和保养劳动实践项目 ………………………… 34
　　　　2.2.1　概述 ……………………………………………………………… 34
　　　　2.2.2　中走丝线切割机床的日常维护和保养 …………………………… 35
　　2.3　实践项目3：架子工职业体验劳动实践项目 ………………………………… 38
　　　　2.3.1　概述 ……………………………………………………………… 38
　　　　2.3.2　架子工职业体验劳动实践项目 …………………………………… 39
　参考文献 ……………………………………………………………………………… 43

第3章　农业劳动实践 ………………………………………………………………… 44
　　3.1　实践项目1：种植技术劳动实践项目 ………………………………………… 45
　　　　3.1.1　概述 ……………………………………………………………… 45
　　　　3.1.2　种植技术劳动实践 ………………………………………………… 46
　　　　3.1.3　实践岗位1：盆栽樱桃萝卜种植 …………………………………… 47
　　　　3.1.4　实践岗位2：田间玉米种植 ………………………………………… 50
　　　　3.1.5　实践岗位3：无籽西瓜种植 ………………………………………… 53
　　　　3.1.6　项目评价方法与成果 ……………………………………………… 55
　　3.2　实践项目2：养殖技术劳动实践项目 ………………………………………… 56
　　　　3.2.1　概述 ……………………………………………………………… 56
　　　　3.2.2　养殖技术劳动实践 ………………………………………………… 58
　　　　3.2.3　实践岗位：小龙虾养殖 …………………………………………… 59
　　　　3.2.4　项目评价方法与成果 ……………………………………………… 62
　　3.3　实践项目3：绿色园艺劳动实践项目 ………………………………………… 63
　　　　3.3.1　概述 ……………………………………………………………… 63
　　　　3.3.2　绿色园艺劳动实践 ………………………………………………… 64
　　　　3.3.3　实践岗位1：杜鹃花嫁接劳动实践 ………………………………… 65
　　　　3.3.4　实践岗位2：用混凝土制作多肉花盆劳动实践 …………………… 67
　　　　3.3.5　实践岗位3：火龙果盆栽劳动实践 ………………………………… 68
　　　　3.3.6　项目评价方法与成果 ……………………………………………… 69
　参考文献 ……………………………………………………………………………… 70

第4章　服务业劳动实践 ……………………………………………………………… 71
　　4.1　实践项目1：食堂餐饮服务劳动实践项目 …………………………………… 72
　　　　4.1.1　概述 ……………………………………………………………… 72
　　　　4.1.2　高校食堂清洁劳动实践 …………………………………………… 73

  4.2 实践项目2：养老护理服务劳动实践项目 …………………………… 78
    4.2.1 概述 ……………………………………………………………… 78
    4.2.2 高校养老护理劳动实践 ………………………………………… 80
  4.3 实践项目3：汽车维修保养服务劳动实践项目 ………………………… 85
    4.3.1 概述 ……………………………………………………………… 85
    4.3.2 汽车维修保养劳动实践 ………………………………………… 86
  4.4 实践项目4：快递分拣服务劳动实践项目 ……………………………… 91
    4.4.1 概述 ……………………………………………………………… 91
    4.4.2 快递分拣服务劳动实践 ………………………………………… 92
  参考文献 …………………………………………………………………… 95

第5章　生活劳动实践 …………………………………………………………… 96

  5.1 实践项目1：卫生清扫劳动实践项目 …………………………………… 97
    5.1.1 概述 ……………………………………………………………… 97
    5.1.2 宾馆保洁员劳动实践 …………………………………………… 98
  5.2 实践项目2：中式烹饪与食材准备劳动实践项目 …………………… 103
    5.2.1 概述 ……………………………………………………………… 103
    5.2.2 馄饨制作劳动实践 ……………………………………………… 105
  5.3 实践项目3：大学生课外兴趣劳动实践项目 ………………………… 111
    5.3.1 概述 ……………………………………………………………… 111
    5.3.2 手工制作劳动实践 ……………………………………………… 112
  5.4 实践项目4：生活家具维修服务劳动实践项目 ……………………… 118
    5.4.1 概述 ……………………………………………………………… 118
    5.4.2 木工劳动实践 …………………………………………………… 119
  参考文献 …………………………………………………………………… 123

第6章　公益劳动实践 …………………………………………………………… 124

  6.1 实践项目1：高校公共区域生活垃圾清理与分类劳动实践项目 …… 125
    6.1.1 概述 ……………………………………………………………… 125
    6.1.2 高校公共区域生活垃圾清理与分类实践 …………………… 127
  6.2 实践项目2：服务高校退休教师家政公益劳动实践项目 …………… 133
    6.2.1 概述 ……………………………………………………………… 133
    6.2.2 服务高校退休教师家政公益劳动实践 ……………………… 134
  6.3 实践项目3：高校物业管理日常巡检劳动实践项目 ………………… 137

  6.3.1　概述……………………………………………………………………… 137

  6.3.2　高校学生公寓物业管理日常巡检劳动实践 ……………………………… 139

 6.4　实践项目4：高校消杀劳动实践项目 ……………………………………………… 146

  6.4.1　概述……………………………………………………………………… 146

  6.4.2　高校学生公寓日常消杀劳动实践 ………………………………………… 147

参考文献 ……………………………………………………………………………… 152

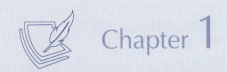

第 1 章　劳动教育概述

劳动教育是中国特色社会主义教育制度的重要内容，直接决定社会主义建设者和接班人的劳动精神面貌、劳动价值取向和劳动技能水平。长期以来，各地区和学校坚持教育与生产劳动相结合，在实践育人方面取得了一定成效。同时也要看到，近年来在大学生中出现了不珍惜劳动成果、不想劳动、不会劳动的现象，劳动的独特育人价值在一定程度上被忽视，劳动教育正被淡化、弱化。对此，高等教育院校必须高度重视，采取有效措施切实加强劳动教育。

教学目标：

通过对劳动教育的学习，正确认识劳动教育的重要性和必要性，学会运用马克思主义劳动观来认识和分析问题，结合我国实际情况，正确理解我国现阶段劳动教育的内涵、特点、内容和重要意义。

课前讨论：

- 你上大学的目的是什么？
- 你认为把工作或学习做好的关键是什么？

教学案例：

"红薯大王"贾栓成

1995年贾栓成高考落榜，他选择回到老家和父母一起种红薯。眼看着因为红薯产量低，父母辛苦一年却没有好收成，贾栓成动起了引进其他优良品种的心思。经过几次碰壁和失败，不断积累经验教训，他逐渐掌握了复杂的红薯杂交育种技术。在此之后，贾栓成全部的心思都在红薯种植、储藏和新品种的研发上，建成了全国品种最全、产量最多的红薯育苗基地。他所成立的新乐市新农红薯种植专业合作社还为村里的家庭留守妇女提供了大量就业岗位。为了帮助更多的乡亲借助红薯脱贫致富，贾栓成组建了河北省农村专业技术协会甘薯专业委员会，带着委员会的技术人员到平山县、阜平县等地捐赠红薯苗、指导技术，帮助困难村民增收脱贫。

因为在红薯种植行业的成功，贾栓成成为新乐市远近闻名的"红薯大王"，荣获了"全国劳动模范""全国科普惠农兴村带头人""全国乡村好青年"等众多荣誉称号，还圆了自己的大学梦，进入了中国劳动关系学院劳模班学习。贾栓成说，他要通过学习深造，让红薯种植这个甘甜的事业带领更多的农民朋友过上甜美的好日子。

案例思考：

- ❋ 未上过大学的贾栓成为什么能掌握复杂的红薯杂交育种技术？
- ❋ 你从"红薯大王"身上获得了哪些启示？

1.1 大学劳动教育的目标

根据中共中央国务院发布的《中共中央 国务院关于全面加强新时代大中小学劳动教育的意见》（以下简称《意见》）的文件精神，各高校的大学劳动教育课程逐渐开展起来。结合大学教育的特点，大学劳动教育的实施目标主要体现在以下几个方面。

1. 以劳树德，正观念

劳动教育让大学生正确理解劳动。劳动是人的一般本质，劳动创造世界，劳动创造未来。大学生通过诚实劳动实现人生价值和理想，将个人成长、职业规划与国家发展、民族进步联系起来，把个人理想追求与国家兴旺发达融为一体。对马克思主义劳动观念的相关论述形成正确的认识和理解，并将马克思主义正确的劳动观念与社会主义建设实践相结合，具体体现为以下几个方面。

1）正确理解马克思主义"劳动本质论"，劳动是人的本质属性。劳动创造了人本身，会使用和创造劳动工具把人类与猿区分开来，劳动使人直立行走；劳动创造了人类生活，人类通过自己的劳动来创造和生产物质生活资料。劳动是整个人类生活的第一个基本条件。大学生要戒除懒惰和贪图安逸的思想，主动投身到提升自己、建设国家的大潮中去。

2）正确理解马克思主义"劳动价值观",只有劳动才能创造价值和财富,只有劳动才能真正推动人类社会进步和发展。马克思认为:"劳动是一切价值的创造者。只有劳动才赋予已发现的自然产物以一种经济学意义上的价值。"大学生要牢固树立劳动最光荣、劳动最崇高、劳动最伟大、劳动最美丽的观念,正确处理挫折、失败、不公等各种负面情绪,在奋斗中绽放生命的价值和光彩。

3）正确理解马克思主义"劳动实践观",牢记"实践是检验真理的唯一标准""实践出真知"。劳动实践是自然生态系统中物质转化过程的一部分,是维持人类生存发展的必然条件。大学生要勇于将所学知识应用于实践,开拓创新,在实践中发展和进步,并在实践过程中遵循生态理念,实现人与自然和谐共生,造福世界。

4）把马克思主义劳动观与社会主义建设相结合,树立正确的就业观,到祖国最需要的地方去。机遇总是留给善于和勇于创新的人,青年是社会上最富活力、最具创造性的群体,理应走在创新创造前列;要勇于到条件艰苦的基层、国家建设的一线、项目攻关的前沿,经受锻炼,增长才干;要有逢山开路、遇水架桥的意志,为了创新创造而百折不挠、勇往直前。

2. 以劳育美,端态度

通过劳动教育,端正劳动态度,弘扬劳动精神,磨炼劳动意志,展现新时代劳动之美。具体体现在以下几个方面。

1）尊重劳动和劳动者,坚信美好生活是劳动创造出来的,美好未来也要靠辛勤劳动实现,体会劳动不分贵贱,形成以尊重和肯定劳动者在社会生产和分配中的地位为要义的劳动创造财富、创造幸福的态度。

2）热爱劳动,不怕苦、不怕累,能克服环境的恶劣、心中的疲惫及焦躁甚至恐惧,能克服劳动中的困难,磨炼劳动意志。

3）培育劳动精神,引导学生弘扬崇尚劳动、热爱劳动、诚实劳动、勤劳勇敢、崇俭黜奢的劳动精神。

4）践行劳模及工匠精神,培养爱岗敬业、争创一流、艰苦奋斗、勇于创新、淡泊名利、甘于奉献的劳模精神,培养执着专注、精益求精、一丝不苟、追求卓越的工匠精神及职业追求。

3. 以劳增智,习本领

通过劳动教育学习劳动知识,使学生具备满足生存发展需要的基本劳动能力及专业实践能力,爱劳动、会劳动,在劳动中学以致用,在实践中以用促学,在劳动实践过程中发现问题、解决问题,从而学习本领、求实创新、增长才干、涵育才智。具体体现在以下几个方面。

1）懂劳动,学生通过劳动教育实践学习劳动知识,积累劳动经验。

2）会劳动,学生通过劳动教育实践学习劳动技能,学会如何劳动。

3）能劳动,学生通过劳动教育实践学会发现劳动问题,并运用所学的知识和技能解决劳动问题。

4. 以劳塑人，树新风

通过劳动教育，使学生具备良好的劳动习惯，具备良好的生活自理能力、自主学习能力和沟通合作能力；通过劳动教育，使学生全面发展，展现优良的新时代青年精神风貌，肩负民族复兴的时代重任。具体体现在以下几个方面。

1）具有良好的生活自理能力，能打理个人及起居环境卫生，会洗衣、做饭，具备维持正常生活的基本能力。

2）始终坚持优良的自主学习能力，不断加强自我管理和沟通能力，不断提升自己。

3）具备一定的服务能力和服务意识，有良好的公益劳动能力，不忘服务他人及社会。

1.2 大学劳动教育的内容

劳动教育具有丰富的内涵与外延，劳动教育的内容包括劳动价值观教育，劳动态度、劳动精神及劳动意识教育，劳动习惯教育，劳动知识和劳动能力教育等方面。2012年，中国特色社会主义进入了新时代，劳动教育被赋予了新的内涵，立足于促进大学生全面发展，结合新时代对大学生的要求，大学劳动教育的主要内容包括以下几方面。

1.2.1 劳动价值观教育

价值观是人在社会化过程中逐渐形成的对客观事物的价值的看法与信念。劳动价值观是劳动者经过劳动这一实践活动，以自身内在价值标准为导向，形成的对劳动的根本观点和看法。思想是行为的先导，行为受思想的支配。大学生树立怎样的劳动价值观决定了他们会有怎样的价值判断与选择，具体表现为大学生会有怎样的劳动态度、劳动行为与劳动习惯。正确的劳动价值观是大学生受益终生的宝贵财富，不仅直接影响一个大学生大学阶段学习生活的方方面面，更关系到他未来的就业倾向、价值取向、社会责任等方面的精神特质。换言之，正确的劳动价值观不仅是大学生在校期间成长成才的动力支撑，更是其步入社会后指引其职业发展和日常生活的精神灯塔。新时代大学生应具备良好的劳动素养，才能成为全面发展的社会主义事业的建设者和接班人。因此，劳动教育应该从劳动价值观出发。劳动价值观教育应当以马克思主义劳动价值观为基础，马克思主义指出劳动是一切价值的创造者。高校开展劳动价值观教育首先应该让大学生理解劳动的价值。劳动不仅创造了物质与精神财富，还创造了人与人类社会，让大学生由衷地认可劳动、尊重劳动。

1.2.2 劳动态度、劳动精神及劳动意志教育

1)劳动态度是指人对劳动的一种心理倾向，由劳动认知、劳动情感和劳动意向三种成分构成。劳动认知决定了人们劳动的对象，劳动情感是人们对劳动喜爱或厌恶的心理体验，劳动意向指人们对劳动的反应倾向。劳动态度直接影响劳动行为和劳动习惯，而劳动教育的目的是培养受教育者热爱劳动、积极主动劳动的自觉性行为并使其养成良好的劳动习惯。为了促进劳动行为和习惯的更好养成，加之劳动态度具有后天习得性和持久性，开展劳动态度教育具有必要性。

2)党的十八大以来，习近平总书记多次强调要在全社会弘扬劳动精神，《意见》进一步明确了劳动精神的内涵，将其凝练为勤俭、奋斗、创新和奉献，尤其强调要注重大学生创新精神的培养，指出"高等学校要注重围绕创新创业，结合学科和专业积极开展实习实训、专业服务、社会实践、勤工助学等，重视新知识、新技术、新工艺、新方法运用，创造性地解决实际问题"。一方面，注重创新精神的培养是与学生身心发展规律相适应的。大学生正处于智力、创造力、思维能力各方面发展的巅峰时期，这就要求劳动教育要主动抓住教育机遇，将劳动教育提升到创新能力的培养上来。另一方面，注重创新精神的培养也是由社会发展趋势及其赋予大学生的时代使命决定的。新时代，劳动与科技、知识的联系日益紧密，劳动的智慧性、智能性日趋增强。在此背景下，大学生只有提高创新能力才能适应国家和社会发展需求，更加充分地施展才华和风采。大学生是社会上最富活力、最具创造性的群体，理应走在创新创造前列。正因如此，新时代对大学生劳动教育提出了更高的要求，通过劳动教育增强创新能力，培养知识型、技能型、创新型的劳动者。

3)意志是人自觉地确定目的，并根据目的调节支配自身的行动，克服困难，实现预计目标的心理倾向。人的一生不会总是一帆风顺的，会遇到各种困难和麻烦，而当代大学生有很大一部分是在"温室"中长大的，基本上没有独自遭受生活和学习上的挫折，在面对挫折和困难时，难免会不知所措。他们中的一部分人会在挫折和困难面前低头，选择放弃，而不是选择勇往直前。对大学生进行劳动意志的锻炼是大学生劳动素质培养的应有之义。这不仅可以培养大学生面对困难时的抗压能力，还可以培养大学生积极向上的生活态度。

新时代是催人奋进的时代，使命是实现中华民族的伟大复兴，为实现这一使命，需要一批德智体美劳全面发展的新青年。大学生是担此重任的主力军，时代要求大学生应当是德智体美劳全面发展的新青年，然而新时代大学生的生活条件比较好，很多学生没有体会过艰苦生活，导致部分大学生产生厌恶劳动、轻视体力劳动、害怕付出、期望不劳而获、投机取巧等思想。因此，须加强培养大学生"热爱劳动，辛勤劳动"的积极劳动态度，锻炼大学生"不怕吃苦，直面困难"的坚强劳动意志。

结合习近平总书记关于劳动和劳动教育的重要论述，使大学生树立"劳动最光荣，

劳动最伟大"的观念；培养大学生"崇尚劳动"的情感、"诚实劳动"的品德和"主动劳动"的意识；让大学生充分认识到体力劳动与脑力劳动的价值平等性，消除轻视体力劳动的错误观念，树立正确的劳动价值观，引导他们形成良好的劳动行为与习惯。

1.2.3 劳动习惯教育

劳动习惯是人们经过长期性的劳动练习或重复而被巩固下来的，且成为个人需要的一种劳动行为方式。劳动习惯是后天养成的且具有一定的稳定性，通过教育培养劳动习惯具有很强的可行性。劳动习惯是一个人劳动态度和劳动精神的外在体现，养成良好的劳动习惯是劳动教育的重要目标。

新时代大学生以"00"后为主体，他们在进入大学生活前劳动机会较少，缺乏固定的劳动时间、实践项目与场地，在劳动习惯养成方面缺乏稳定的教育模式。大学生活是大学生脱离家庭到独立生活的重要过渡阶段，独自生活的诸多困难可以通过劳动教育试验与训练尝试解决。通过劳动教育培养洗衣、打扫卫生等劳动习惯，为更好地融入社会独立生活及构建自己的家庭生活做好准备。因此，新时代高校劳动教育应当重视培养大学生良好的劳动习惯，使他们能够自觉、主动地参与劳动，内化为固定、自动化的行为倾向。这不仅有利于提高大学生生活和学习质量，而且能促进大学生全面发展。

1.2.4 劳动知识和劳动能力教育

劳动知识是指人从事一定劳动所必须具备的知识、技术、技巧，以及综合运用这些知识、技术、技巧的能力。大学中不同专业的课程学习就是有针对性的劳动知识学习，开展的与专业相关的实践活动就是劳动技能的训练，如见习、实习。随着我国社会主义发展进入新时代，现代产业对劳动者的要求越来越高，新时代的劳动者不仅要具备扎实的专业知识，还要具备熟练运用这些知识解决实际问题的操作能力。因此，新时代高校劳动教育应加强劳动能力的教育。高校劳动教育应构建一套系统的、严密的、专业的知识技能体系，充分利用课上课下、校内校外多方渠道开展劳动能力教育。通过系统的学习使学生掌握专业的劳动知识，奠定劳动实践的理论基础；亲身体会劳动过程，在过程中遵循劳动规范与章程，培养学生自律性；学会使用专业的劳动工具，增强使用工具的熟练度；群体劳动中加强处理人际关系的能力；通过具体实践活动，练习和掌握劳动技能，最终促进劳动能力的提升。

1. 劳动知识教育

劳动知识不但包括维持劳动正常开展所需的基本生产劳动知识、生活劳动知识、服务性劳动知识，还包劳动伦理知识、劳动保护知识和劳动法律知识。下面就劳动伦理知识、劳动保护知识和劳动法律知识加以介绍。

（1）劳动伦理知识　马克思的劳动伦理思想都在于维护劳动者的权益，追求劳动者的自由和解放。中国特色社会主义建设注重以人为本，尊重和保障劳动者的权益。劳动伦理是对劳动中道德现象的概括，主要是指在劳动中人与其他诸要素之间应当遵守的道德准则和行为规范。

1）劳动伦理的内涵。基于马克思主义的劳动价值论，劳动伦理是一般伦理规则对劳动领域中关系和问题的阐述。它以人性需要为价值导向，规范、协调和发展劳动者与生产要素的关系，反映的是一种在劳动基础上人与人之间的道德，主要涉及人在劳动过程各环节中形成的处理人与人、人与社会、人与自然等关系的道德准则。人在劳动过程中要遵循自然规律，让发展可持续；要担负起社会责任，投入推动社会进步和发展的洪流中去；要通过诚实劳动不断提升自己，在劳动中体现自己的人生价值。

从马克思主义关于人的全面发展和人的解放的观点出发，劳动伦理的基本内涵就是有尊严的劳动、公平的劳动、自由的劳动及幸福的劳动。

2）劳动伦理的时代趋势：体面劳动。为了应对全球化背景下的劳动及社会领域中的问题，时任国际劳工组织（International Labour Organization，ILO）劳工局局长的胡安·索马维亚在1999年6月举办的第87届国际劳工大会上首次提出"体面劳动（Decent Work）"这一概念，并于2008年获得通过，成为各成员国都必须努力达成的战略目标。

"体面劳动"并非一个空想的口号，而是具有实践意义的社会契约，这首先表现为以人为本。作为一种新的劳动伦理形态，"体面劳动"摒弃以往对劳动的目的性关注，转为对劳动的对象性关注，即关注人本身，是从劳动者的立场与角度来看劳动，着眼于从劳动与个体发展之间的关系去揭示劳动的伦理价值。劳动的尊严源于劳动的崇高。在人格尊严上，人人平等。其次表现为和谐的劳动关系，"体面劳动"中关于社会，以及工作权益保护等内容实际上是劳动关系伦理化的要求，也是劳动关系和谐的必然要求。所谓劳动关系，一般是指劳动者与用人单位在劳动过程中所形成的一种社会经济利益关系。劳动关系和谐是指劳动者和企业双方的协调一致和互利共赢，其目标的达成在于劳动者、企业和政府三方基于法律法规及政策对劳动关系的治理和规范化。

3）新时代中国特色的劳动伦理。国际劳工组织劳工局认为，"体面劳动"具有普遍性，但其所包含的内容必须与各国国情相结合才有实施意义，我国政府积极响应"体面劳动"的倡议。

① 职业公平。政府在劳动伦理构建中具有重要倡导作用，在新时代以人民对美好生活的向往和中华民族伟大复兴的中国梦为价值趋向，构建中国特色劳动伦理日显重要。职业梦便是中国梦的重要组成部分。职业公平是社会公平的重要基础。我们不能选择自己的出身和家庭，但可选择自己的职业并为之努力。职业不分高低，劳动没有贵贱，在职业选择维度上，人与人之间才有可能获得真正意义上的平等。习近平总书记曾说，要让中国人民"共同享有人生出彩的机会，共同享有梦想成真的机会"。消除职业壁垒，保障职业公平，是劳动伦理的重要环节。

② 劳动权益保障。劳动者劳动中的权利应该得到切实的保障。在劳动者应受保障的基本劳动权中，马克思特别强调的是安全权与健康权，劳动权益保障是劳动者的基础保障。

劳动关系实质是资本获取利润、劳动者获得工资，二者之间虽存在对立，但最终须兼顾平衡。在全球化发展背景中，我国劳动关系在承认劳资矛盾对立存在的同时，基于"社会和谐与共同富裕"形成政府主导、以"合作互助"为特征的劳资自治，在劳动者更为体面劳动的同时，也能够让企业经营获得合理回报，让收入分配更加公平合理。《中共中央 国务院关于构建和谐劳动关系的意见》对保障职工取得劳动报酬的权利、休息休假的权利、获得劳动安全卫生保护的权利、享受社会保险和接受职业技能培训的权利提出明确、具体的要求，也对企业提出切实承担报效国家、服务社会、造福职工的社会责任的伦理要求。同时，在全球化的发展背景下，在更广阔范围形成劳动合作、劳动互助，寻求利益契合点和合作"最大公约数"，共同打造政治互信、经济融合、文化包容的利益共同体、命运共同体和责任共同体。

③ 诚实劳动。习近平总书记指出，人世间的美好梦想，只有通过诚实劳动才能实现；发展中的各种难题，只有通过诚实劳动才能破解；生命里的一切辉煌，只有通过诚实劳动才能铸就。诚实劳动是对劳动者在现实职业活动中的直接要求，劳动者要在法律法规和国家政策允许的范围内，实事求是地认识和对待劳动的过程和成果，要勤勤恳恳、认真负责地工作，不敷衍了事，不投机取巧，更不能欺骗。这也是当代"体面劳动"对劳动者的要求。

（2）劳动保护知识 安全是人类社会得以生存和发展的首要前提。在生产过程中，人是最宝贵的，在生产力诸要素中起决定作用。消除生产中的不安全和不卫生因素，可以减少和避免各类事故的发生；创造舒适的劳动环境，可以激发劳动热情，充分调动和发挥人的积极性，进而利于提高劳动生产率，提高经济效益。同时，加强劳动保护，还可以减少因伤亡事故和职业病所带来的救治伤病人员的各项开支，减少由于设备损坏和停产造成的直接或间接经济损失。可以说，做好劳动保护工作是保障社会经济发展的重要前提之一。

1）劳动保护的含义。劳动保护是国家和单位为保护劳动者在职业活动、劳动生产过程中的安全和健康所采取的立法、组织和技术措施的总称。具体来说，为保护劳动者在职业活动、劳动生产中的安全和健康，改善劳动条件、防止工伤事故、预防职业病、实行劳逸结合、加强女工保护，在法律上、技术上、设备上、组织制度上和教育上所采取的各种措施，统称为劳动保护。这一保护的特征为：受保护者是劳动者，保护者是用人单位；保护对象是劳动者的安全和健康；保护范围仅限于劳动过程。

具体而言，劳动保护的内容主要包括安全技术、劳动卫生与劳动条件、工作时间与休假、女职工和未成年工特殊保护这四个方面。

2）劳动保护管理。各行各业劳动保护是一项全社会的整体工作，要靠国家各个部门、地区、行业,以及企业、职工、群众共同完成,因此需要有一套组织系统和管理体制。劳动保护管理就是对劳动保护工作的组织系统和管理制度进行科学管理的体制。当前我国劳动保护管理的工作体制是企业负责、行业管理、国家监察、群众监督(以工会组织为代表)和劳动者遵章守纪相结合的工作体制。工作内容主要包括设立劳动保护组织系统、建立劳动保护法规体系、开展劳动保护教育、实施劳动保护监察、完善劳动保护制度。

3)劳动保护权益与维护途径

① 劳动者的劳动保护权利与义务。作为一名最终会走上工作岗位的未来劳动者,应当了解我国法律赋予的合法权利,从而在今后的职业生涯中自觉地珍惜、争取和维护这些权利。《中华人民共和国劳动法》(以下简称《劳动法》)第三条规定,"劳动者享有平等就业和选择职业的权利、取得劳动报酬的权利、休息休假的权利、获得劳动安全卫生保护的权利、接受职业技能培训的权利、享受社会保险和福利的权利、提请劳动争议处理的权利以及法律规定的其他劳动权利"。

具体来说,劳动者可获得的劳动保护权利包括:劳动休息与休假的权利(我国劳动法规定,劳动者每日工作时间不超过 8 小时,每周工作时间不超过 40 小时);接受劳动保护教育培训的权利,以了解企业安全生产情况,掌握安全生产技术,熟练运用劳动保护用品;获得社会保险的权利,当劳动者遇到生、老、病、死、残、失业等情况时,依据国家规定给予劳动者一定的物质或经济帮助,以保证其基本生活需要(现行社会保险主要有养老、医疗、失业、工伤和生育险五种);提请劳动争议受到处理的权利;获得劳动安全卫生保护的权利;了解作业场所和工作岗位存在的危险因素,了解企业为此采取的防护措施及事故应急处理措施,决定是否从事存在不安全因素的工作的权利;对安全生产工作提出建议、批评和控告的权利;拒绝违章指挥和强令冒险作业的权利;发生直接危及人身安全的紧急情况时,停止作业或采取可能的应急措施后撤离作业场所的权利;要求用人单位提供必要的防护设施和防护用品的权利。此外,还有女职工及未成年工享有的特殊劳动保护权利。

我国法律规定劳动者在劳动过程中享有合法劳动保护权利,同时劳动者也应履行相应的劳动保护义务。具体包括:劳动者应当树立安全生产意识,遵守安全生产规章制度和操作规程,服从单位安全人员的管理;劳动者应当正确佩戴劳动保护用品;劳动者应当接受安全生产教育培训,掌握本职工作所需的安全生产知识,提高安全生产技能,增强事故预防和应急处理能力;当发现事故隐患或其他不安全因素时,劳动者应当立即向现场安全生产管理人员或单位负责人报告,接到报告的人员应及时予以处理。

只有劳动者主动采取有效防护措施,自觉遵守安全规定,开展安全生产,积极参与企业的安全管理工作,才能更好地保证自己在生产劳动过程中的身心安全。

② 劳动保护维权途径。当劳动者的劳动保护权利受到侵害时,可以通过以下途径来维护自己的合法权益:与用人单位签订劳动合同,进行劳动争议处理,向劳动保障

监察机构检举。

（3）劳动法律知识　随着生产力的发展和大量劳动关系的出现，对于劳动关系进行协调的法律需求随之产生。劳动法的产生是人类社会发展的必然现象。

1）劳动法与劳动关系

① 劳动法。我国劳动法学界认为，劳动法是调整劳动关系，以及与劳动关系密切联系的一切社会关系的法律。这里的劳动关系既包括个别劳动关系，也包括集体劳动关系。从属性上看，劳动法属于公法和私法之外的社会法。我国最高立法机关将社会法视为调整劳动关系、社会保障、社会福利和特殊群体权益保障方面的法律规范的总和，是中国特色社会主义法律体系中的一个独立的门类，包括劳动法、社会保障法、特殊群体权益保障法等。我国劳动法的基本原则包括劳动权平等原则、劳动自由原则以及倾斜保护劳动者合法权益原则。

② 劳动关系。从劳动要素出发来界定劳动法的调整对象，劳动关系可以认为是劳动力的所有者与使用者，即"劳动者"与"雇主或用人单位"之间，为实现劳动过程而发生的一方有偿提供劳动由另一方用于同其生产资料相结合的社会关系。可以简单理解为是劳动者与用人单位之间在劳动过程中发生的社会和经济关系。但从本质上来说，劳动关系体现劳资之间的利益关系。

③ 劳动法律关系。劳动法律关系是劳动法调整劳动关系所形成的权利和义务关系。劳动关系是劳动法律关系的现实基础，劳动法律关系是劳动关系的法律形式，但并非所有的劳动关系都表现为劳动法律关系。劳动法学中的法律关系包括两类：一类是劳动法调整劳动关系所形成的法律关系，一般称为劳动法律关系；另一类是劳动法调整与劳动关系密切联系的其他社会关系所形成的法律关系，一般称为附随法律关系，主要是劳动行政法律关系和劳动服务法律关系。

2）劳动者与劳动权

① 劳动者。作为一个法律概念，劳动者在不同法律中被界定的内涵和外延并不一致，甚至在劳动法体系的不同制度中也不尽相同。作为劳动法协调的对象，劳动者这一概念在劳动法中一般是指劳动力市场上的劳动者，从这种意义来讲，劳动者包括就业劳动者和未就业劳动者；或者是指劳动关系中的劳动者，如劳动合同中的劳动者，通常称为职工。公民要成为劳动者，还需要具备劳动权利能力和劳动行为能力这两个劳动者资格前提。劳动权利能力是指公民依法能够享有劳动权利和承担劳动义务的资格。我国公民的劳动权利能力具有平等性，但会因公民个体的户籍、所受制裁、竞业限制、特殊身份及工龄的不同而受到限制。劳动法依据公民的劳动能力水平对劳动行为能力做出规定。

② 学生劳动者。作为劳动者资格的特殊形式，学生劳动者（仅限于高等学校、中等专科学校或职业学校学生）的实习、勤工俭学、自发受雇劳动都涉及劳动法适用的问题。

a. 实习。学生参加实习主要有三种情况：第一，学校统一安排的教育教学实习，这是教学的一部分；第二，学生在校读书期间的校外兼职实习；第三，在校学生为获得工作经验自行申请的实习工作。第一种实习作为学校教学环节，是教学的延伸，此种情况下，学生不应被看作劳动者，和实习单位之间也不存在建立劳动关系的情况。劳动合同法、集体合同法和工伤保险法均不适用于实习生。但实习单位仍然应当承担安全保障义务。

b. 勤工俭学，也称为勤工助学，分为狭义和广义两种。狭义的勤工俭学仅指以改善学习和生活条件为目的，由学校组织学生利用课余时间在校内外参加劳动实践并取得合法报酬。广义的勤工俭学还包括自发的勤工助学，即学生未经学校组织，自行在校外从事有报酬的劳动。教育部、财政部《高等学校勤工助学管理办法（2018年修订）》规定的勤工助学仅限于狭义勤工助学。第六条"勤工助学活动由学校统一组织和管理。学生私自在校外兼职的行为，不在本办法规定之列"。可见，勤工助学中存在劳动力使用关系，而无教学关系，并且这一管理办法（第二十五条与第二十七条）还指出："校内固定岗位按月计酬。以每月40个工时的酬金原则上不低于当地政府或有关部门制定的最低工资标准或居民最低生活保障标准为计酬标准，可适当上下浮动。校外勤工助学酬金标准不应低于学校当地政府或相关部门规定的最低工资标准，由用人单位、学校与学生协商确定，并写入聘用协议。"可见，学生在学校或校外用人单位设置的岗位中从事劳动，属于从属性劳动。这里的劳动力使用关系具有劳动关系的属性，应作为劳动关系的一种特殊状态看待。

c. 自发性受雇劳动。在校学生外出打工兼职，有些虽然被称为实习或勤工俭学（自行在校外从事有报酬的劳动），但其目的在于获得劳动报酬，双方也就劳动报酬达成协议，则该行为可作为特殊的劳动关系看待。《中华人民共和国劳动合同法》第五章第三节也规定了非全日制用工形式。大学生由于有学习任务在身，通常会采取被法律认可的非全日制工作方式进行兼职。在这种情况下，在校学生可以被定位为特殊的劳动者。但是，也存在另外一种情况，学生为获得工作经验，自发性地选择受雇于某单位进行实习，尽管非学校统一安排，但这种受雇劳动没有劳动报酬。这种情况下，一般要视双方的约定具体判断，通常不视为具有劳动关系。

③ 劳动权。劳动权有广义和狭义之分。广义的劳动权是指公民或劳动者团体所享有的，一切因劳动而产生的或与劳动有关的，由宪法和劳动法所规定的权利，包括个别劳动权和集体劳动权。狭义的劳动权则单纯指职业获得权，是指劳动者要求国家和社会提供工作机会的权利。

3）劳动法形式与体系

① 劳动法形式也称为劳动法的渊源，是指法律规范的具体表现形式，表明具体的法律规范以什么形式存在于法律体系中。在我国，劳动法的形式包括规范性文件和准规范性文件两种。

规范性文件主要包括：宪法、法律、行政法规、地方性法规和经济特区法规、部门规章、地区规章、国际法律文件。准规范性文件包括：劳动政策、劳动领域技术标准、抽象劳动行政行为、工会规章、规范性劳动法规解释、集体合同。

② 劳动法体系。当前我国基本上已经形成了比较健全的劳动法体系，包括促进就业制度、劳动合同和集体合同制度、工作时间和休息休假制度、劳动安全卫生制度、女职工和未成年工特殊保护制度、职业培训制度、社会保险和福利制度、劳动争议制度、监督检查制度和法律责任等。

2. 劳动能力教育

劳动能力指人进行生产活动的能力，是体力和脑力的总和，是劳动者以自己的行为依法行使劳动权利和履行劳动义务的能力，即法律上的劳动行为能力。

劳动能力根据劳动行为的不同会有很大的差异，很难一概而论。根据开展劳动的专业程度不同，劳动能力可划分为：一般性劳动能力，多指日常生活所需的劳动能力，包括为自己服务的穿衣、吃饭等和为他人服务的简单体力及脑力劳动能力；职业性劳动能力，是指经过专业训练，具备专门知识的劳动能力（如工程师、教师的劳动能力）；专门劳动能力，是指那些专业性很强的职业能力（如歌唱家、钢琴师的职业能力）。可见，个体的劳动能力在具体的社会劳动实践中是通过其职业能力来判断的。为了更好地从本质上理解劳动能力是什么，还需要厘清职业能力、智力和关键能力这三个概念。

职业能力是指个体能够胜任一定工作角色所必需的知识、技能、判断力、态度和价值观的整合，通常分为一般职业能力和专业能力两部分，即基本能力和专业能力。专业能力因为专业的不同差异会很大，而基本能力则是适应各种职业都必须具备的能力，包括智力和关键能力。智力是指生物一般性的精神能力，是人认识、理解客观事物并运用知识、经验等解决问题的能力，包括记忆、观察、想象、思考、判断等。而关键能力则是一种普通、可迁移的，对劳动者发展起关键作用的能力。关键能力与具体的专业知识和技能没有直接联系，但与完成专业任务又有着密切的联系。可以说，关键能力是一种在各种职业中顺利完成工作任务所必备的基本能力。无论劳动者从事何种职业，都必须具备关键能力。

当前，《关于深化教育体制机制改革的意见》对学生的关键能力和职业能力培养也提出了具体要求，明确指出：要注重培养支撑终身发展、适应时代要求的关键能力。在培养学生基本技能的过程中，强化学生关键能力培养。培养职业能力，引导学生适应社会需求，树立爱岗敬业、精益求精的职业精神，践行知行合一理念，积极动手实践和解决实际问题。

1.3 大学劳动教育的意义

党的十八大以来，以习近平总书记为核心的党中央高度重视劳动和劳动教育，

2018年在全国教育大会上,明确将劳育确立为人的全面发展的重要组成部分,明确将劳育确立为培养社会主义建设者和接班人的重要途径,此外,劳动教育为德育奠定基础,加强劳动教育对高校实现立德树人的根本任务也具有重要意义。

1.3.1 有利于促进大学生全面发展

苏联著名教育理论家和实践家苏霍姆林斯基认为学校的教育目标是培养真正的人,即全面和谐发展的人。只有在德育、智育、体育、美育和劳育这几个方面同时得到发展,这个人才能成为全面和谐发展的人。劳动教育是这五个方面最为基础的部分,离开了劳动,其他一切都是空谈和想象。劳动教育在这五育组成中有着特殊的地位,在接受劳动教育时,可以让自己与世界得到充分接触,用身体和心灵去丈量这个世界,用所有的感官去认知和学习。大学生要懂得劳动在人生中的价值和意义,明白劳动是人的本质、劳动创造一切的道理,从而树立正确的人生观、价值观、世界观,可谓"养德"。大学生在劳动中可以发现问题、寻找原因,激发学习兴趣、提高学习效率,可谓"启智"。大学生通过劳动强健了体魄、增强了意志力,调适了心理、培养了吃苦耐劳的精神,可谓"健体"。大学生在参与劳动的过程中还可以发现生活中的美,从而感受美,提高审美能力,可谓"益美"。

(1) 有利于大学生笃实力行,艰苦奋斗 习近平总书记曾指出:"学到的东西,不能停留在书本上,不能只装在脑袋里,而应该落实到行动上,做到知行合一、以知促行、以行求知。"正所谓,"知者行之始,行者知之成。"每一项事业,不论大小,都是靠脚踏实地、一点一滴干出来的。习近平总书记也曾指出:"成功的背后,永远是艰辛努力。青年要把艰苦环境作为磨炼自己的机遇,把小事当作大事干,一步一个脚印往前走。滴水可以穿石。只要坚韧不拔、百折不挠,成功就一定在前方等你"。由此可见,作为国家未来栋梁之材的当代大学生更需具备笃实力行和艰苦奋斗的精神。在劳动中磨炼形成艰苦奋斗的意志和笃实力行的做事态度,在走上工作岗位后会继续发扬,以精益求精、脚踏实地、甘于奉献的态度对待自己的工作,为建设繁荣富强的祖国贡献自己的力量。

(2) 有利于大学生爱国爱家,勇于担当 习近平总书记曾说过:"近代以来,我国青年不懈追求的美好梦想,始终与振兴中华的历史进程紧密相连。"这明确表达了祖国命运与青年命运是紧密相连的。大学生作为青年人的主力军,更应该爱国爱家,担当起为祖国繁荣富强而奋斗的责任。劳动教育能让大学生在具体的劳动实践中对"爱国爱家"形成自己的所思所感,使脑海中的抽象概念,变得生动具体起来,从而激发大学生的爱国爱家热情,使其自觉自愿地将从事劳动实践与实现中华民族伟大复兴有机结合起来。

(3) 有利于大学生遵规守纪,团结协作 劳动教育能够利于大学生遵规守纪是由劳动教育课程的性质决定的。在劳动教育中,组织者会对大学生进行劳动规程和劳动纪律的教育，让大学生能够养成遵守劳动规程和劳动纪律的习惯，最终达到在生活中尊重规则和法律的效果。劳动教育的过程能够让大学生在劳动教育理论知识的学习中学到劳动规范、劳动纪律。通过劳动教育这种形式，还能让大学生在丰富的高校劳动教育实践活动中运用学到的劳动规程和劳动规范，去解决平时生活中所遇到的问题，成为一个讲纪律、懂规则的人。此外，通过团体劳动，互相协作，劳动教育也有利于培养大学生的团结协作精神。

（4）有利于大学生涵育品德，提升修养　习近平总书记在2018年全国教育大会上强调，要在加强品德修养上下功夫，教育引导学生培育和践行社会主义核心价值观，踏踏实实修好品德，成为有大爱大德大情怀的人。培养担当民族复兴大任的时代新人，必须把立德树人作为根本任务，把社会主义核心价值观融入青年培育的各个方面，在涵育品德上下功夫，提升当代大学生的修养。在劳动教育实践活动中，大学生的身心都能够参与，能在具体的实践活动中真实地感悟生活，从而将书本上学到的道德理念、品德规范得以内化，以涵育良好的品德，并将这种良好的品德涵养转化为自觉的行为。可以说劳动教育实践是将书本上的道德规范迁移到实际的一种有效方式，有助于大学生涵育品德，提升修养，并在走向工作岗位后，始终以这些道德规范要求自己的一言一行，成为一个具有高尚品德的人。

（5）有利于大学生调节情绪，心理健康　大学作为学生成长的重要阶段，这时的大学生心理也正由感性向理性过渡、由不稳定性向稳定性过渡。加之大学生情感丰富，自我控制力不足，情绪中积极与消极、紧张与轻松两极分明，易受情感感染，所以劳动教育对大学生稳定情绪和健康心态的调节是十分必要的。让大学生能够在真实的劳动实践中获得满足感，产生积极的心理状态，利于其调节情绪，确保心理健康。这种形式也是传统学校心理健康教育的补充，让学校心理健康教育不只是认知上的提高，也能引起学生情绪的积极变化和心理的健康发展。

1.3.2　有利于完善高校思想政治教育

大学思想政治教育包括思想政治理论教育和日常思想政治教育两个重要方面。劳动教育作为完善高校思想政治教育的重要环节，一方面利于提升思想政治理论教育的针对性。思想政治理论课是思想政治理论教育的主渠道，虽然目前高校的思想政治理论课中包含劳动方面的知识，例如，"思想道德修养与法律基础"课程有对热爱劳动、热爱人民的劳动价值观的提及，"毛泽东思想和中国特色社会主义理论体系概论"课程有对教育与生产劳动相结合思想的论述，但是这些知识分布在思想政治课的几门具体学科当中，无法形成劳动教育的系统知识。劳动教育知识的碎片化不利于大学生系统学习，最终影响大学生劳动素养的提高。大学生劳动教育恰恰是以提高大学生劳动素养为目的系统教育。因此，针对上述问题，高校加强劳动教育，使其与思想政治理论课同向同行，形成协同效应，可以更好地提高高校思想政治教育的针对性。

另一方面，劳动教育利于拓宽日常思想政治教育的路径。辅导员是日常思想政治教育的主要力量，他们对学生进行思想政治教育主要是通过开例会、在班级群或微信公众号上发文章等方式进行，这些方式有效地促进了学生在日常生活中对思想政治理论的学习。但长此以往也容易导致学生纸上谈兵，很难将所掌握的思想政治理论应用到实际工作和学习当中。劳动教育是联系知识和实际的纽带，高校辅导员可以利用劳动教育这种方式，使学生将所学的理论知识应用到劳动实践中，从中发现问题、解决问题并完善自己。

1.3.3　有利于实现中华民族伟大复兴的中国梦

马克思主义劳动观指出，劳动创造了人和人类社会，并推动了人类社会的发展。我国在经历了由毛泽东领导的"站起来"的时期，到邓小平领导的"富起来"的时期，再到由习近平总书记领导的"强起来"的时期，由一个积贫积弱、饱受磨难的国家变成了一个民族富强、人民富裕的发展中大国，正是由一代代勤劳勇敢、艰苦奋斗的劳动者通过辛勤劳动实现的。正如习近平总书记在庆祝改革开放40周年大会上的讲话中所指出的，"40年来取得的成就不是天上掉下来的，更不是别人恩赐施舍的，而是全党全国各族人民用勤劳、智慧、勇气干出来的。"目前，中国特色社会主义已经进入了新时代，这个新时代是实现社会主义现代化和中华民族伟大复兴的时代，要实现这个伟大目标，绝不可能靠空头口号，而是要依靠全体中华儿女的辛勤劳动。劳动者是生产力三要素中最活跃、最具有决定性的因素，劳动者的素质对发展生产力和国家抢占发展先机具有重要的影响。

新时代大学生是既能掌握本专业科学技术知识，又具备将科学技术应用于实践，解决具体问题的高素质劳动者，是实现社会主义现代化和中华民族伟大复兴的中坚力量。高校加强劳动教育可以完善大学生人格，增强心理素质，为毕业后参加工作打好基础，培养他们树立科学的就业观，将个人专业能力与工作岗位要求匹配，个人价值实现与国家社会需要相联系。劳动教育可以培养大学生树立与新时代发展要求一致的劳动价值观、劳动意识、劳动态度等，在劳动教育过程中坚定理想信念，自觉将个人价值、个人理想的实现与中华民族伟大复兴相联系，将国家富强、民族复兴、人民幸福内化为奋斗动力，最终通过个人的辛勤劳动、诚实劳动、创造性劳动推动实现中华民族的伟大复兴。

1.4　大学劳动教育实践项目设计与实施方法

劳动教育实践是一个综合性强，与学生的生活实际和当地的生产实际、社会实际联系紧密，且以实践为主体的基础性学习环节。劳动教育实践以学生获得积极劳动体验、形成良好技术素养为目标，以操作性学习为特征。劳动教育实践项目的设计与实施，对于贯彻落实党的教育方针，深入推进以创新精神和实践能力培养为重点的工程素质教育，对于培养当今社会发展需要的高素质人才和新型劳动者，都具有重要意义。

劳动教育实践项目设计，是依据现代教学理论，根据劳动教育的教学目标要求和学生的实际情况，充分利用或创造教学条件，选择、组织和传递劳动实践学习经验的过程。

1.4.1 劳动教育实践项目设计的基本原则

劳动教育实践项目的设计必须紧紧围绕劳动教育的根本目标，设计的项目必须能够实现预定目标，避免简单化或形式化。

（1）劳动教育不等于劳动　关于劳动教育，很多家长和老师认为就是做家务、做好教室及宿舍卫生、到建筑工地去搬砖、到农村去种稻栽秧等。由于种种原因，现今很多大学生的确越来越缺乏体力锻炼的机会。但是与此相关的，一个令人忧虑的现象是，许多教育工作者还保持着几十年前"旧劳动教育"的思维习惯，自觉或不自觉地将劳动等同于体力劳动、将劳动教育等同于体力劳动锻炼。故如果不认真反思，太过强调出力流汗，劳动教育肯定会走弯路。劳动教育要成为一门综合学科，应该有学科目标体系、课程体系、评价体系、方法体系等，这才是完整的劳动教育学科。

在脑力劳动、服务性劳动、复合型劳动比重空前增加的新时代，若不顾及劳动形态的新变化，一味强调"出力流汗"，劳动教育就会严重脱离时代和社会实际，在劳动概念的认识上误导学生，从而偏离劳动教育的初衷。劳动教育是五育之基，劳育融入了德育、智育、体育、美育。劳动教育不是简单地让大学生参加集体劳动就行了，而是通过合理的设计、组织、实施，能有效实现劳动教育目标的特殊劳动，并配有合理的评价及考核体系，以及完善的运行保障及管理体系。

（2）劳动教育不等于工程实践或工程训练　工程实践或工程训练是通过专业的实践加工项目来提高学生的劳动知识水平和能力，提高学生的创新意识和创新能力，其只能实现劳动教育的部分目标，并不是完全意义上的劳动教育。劳动教育更重要的育人目标在于正确劳动观念及就业观的树立，端正劳动态度，弘扬劳动精神，锻炼劳动意志，还要把劳动养成作为终身受益的良好习惯，以培养德智体美劳全面发展的社会主义合格建设者和接班人。

1.4.2 劳动教育实践项目应具备的特性

为了提高教学水平和课堂教学效率，教学设计要以课改指导纲要为依据，以学生为中心，以培养学生综合素质为宗旨，力求理论与实践相结合，增强学生动手能力，发展学生的创造性思维，并使设计具有可操作性。

（1）综合性　作为综合实践活动，劳动训练项目设计应充分体现综合性，要根据地方和学校的课程资源，以综合主题或综合项目的形式，体现劳动训练和其他学科之间的综合，发展学生自主学习知识和综合运用知识的能力。

（2）实践性　教学设计要符合教学规律，这是取得预期教学效果的关键。劳动训练主要以学生参加劳动实践、从事实际操作活动为主要形式和基本方法。因此，进行项目设计时，应突出教学实践的设计，注重在动手与动脑的紧密结合中促进学生技术素养的形成，在操作活动中进行技术探究和技术学习；要以项目为载体组织劳动与技术教育活动，使整个教学设计以操作训练为主，在操作活动中增强学生对技术原理与方法的体悟；以操作训练为主线，这也是劳动训练项目设计区别于其他学科设计的最重要标志。

（3）可行性　劳动训练是以学生获得积极的劳动体验、形成良好技术素养为基本目标，以操作性学习为基本特征的教育。因此，劳动训练项目设计要立足学生的实际情况，注意对教学过程的基本要素（如教学目标、教学内容、教学对象、教学策略、教学媒体等）和基本教学环节（如准备器材、导入新课、讲解演示、学生实际操作、总结评价、布置作业、整理器材等）加以具体分析，从教学实际出发，拓展学生的劳动与技术学习的经历，引导学生综合运用已有的知识和经验，亲身参与劳动过程，进行愉快的劳动实践和技术实践。

（4）创新性　大学生劳动实践项目不能做成批量生产模式，不利于创新思维的培养。实践过程要有一定的灵活性，留有一定空间让学生发挥丰富的想象力和创造力，允许其进行独立设计、独立劳作或多人协作。

1.4.3　劳动教育实践项目设计方法

劳动教育课程设计方法很多，如调查报告法（身边的劳动者、行业中的劳动者）、讲座法（劳模大讲堂、劳动者大讲堂）、职业体验法（生产劳动、生活劳动、服务劳动）、专业知识应用创新法、课程融入法、综合实践法等，本书主要介绍劳动教育职业体验法。

由于大学阶段已有了专业的区分，大学生毕业后将进入各个专业领域工作，因此可以设计以职业体验为主的劳动教育实践项目，让学生学习专业的劳动知识和技能，掌握安全知识及职业规范，学习劳模精神，完成规定的劳动项目，体验劳动过程，解决劳动过程遇到的实际问题，完成实践并撰写实践项目报告，记录项目执行过程，总结专业知识和遇到的问题，提出解决办法，找到不足，并提出改进方案。

通过上述职业劳动实践，可以学习丰富的职业劳动知识，提高劳动技能，锻炼分析问题和解决问题的能力，培养创新能力。通过劳动实践过程践行新时代劳动精神、劳模精神、工匠精神，牢固树立正确的新时代社会主义劳动观。

（1）生产劳动

1）工业劳动。工业的发展程度及其发展规模，最终决定着整个国民经济的面貌。

因此，工业是国民经济的命脉，一个国家的工业发展水平深刻影响其综合国力和国际竞争力。工业劳动实践项目的训练可以培养学生从事专业工作的劳动实践能力，培养学生的创新创业能力以及在劳动实践中发现问题并创造性地解决问题的能力；可以培养学生养成规范良好的劳动习惯，有利于学生切实理解马克思主义劳动观并形成社会主义劳动观，切实体会劳动的光荣、崇高与伟大。

2）农业劳动。"民以食为天"，粮食是人类最基本的生存资料，农业在国民经济中的基础地位突出表现在粮食生产上。农业劳动实践项目训练可以使学生通过参加农业劳作，感受具体的种植管理过程，学习不同农作物的种植常识，学习农作物的田间管理和采收方法，学生体验过劳作的艰辛与快乐，会更加热爱生活、热爱自然、热爱劳动、尊重劳动者、珍惜劳动果实，形成正确的劳动价值观，更加珍惜今天的幸福生活。

（2）生活劳动　生活的美好是多姿多彩的，一个整洁温馨的房间、一盘飘香万里的美食、一身得体优雅的装束等都足以令人赞叹。生活劳动实践项目训练可以让学生感受到自己整理、清洁、消毒的房间才是最美、最干净的，自己亲手制作的菜肴才是最可口、最美味的、最健康的，只有爱生活、爱劳动才是最美丽、最幸福的。生活劳动实践有利于养成良好的生活习惯，帮助学生学会营造温馨、舒适、健康、活泼、文明的生活环境；生活劳动实践能够影响学生的生活方式、生活态度、行为规范、价值理念和理想信念，有利于加快我国的精神文明建设。

（3）服务劳动　上班族的忙碌及人民物质文化生活水平的提高成就了服务业的火爆，也是创新创业最活跃的"基点"。服务业极大地推动了经济增长方式转变，为建设资源节约型、环境友好型社会，促进经济社会协调发展作出了重大贡献。让平时被服务的大学生换位成为服务他人的人，让学生完成一定量的服务业专业知识的学习与专业技能的锻炼，让学生切身体会"为人民服务"是光荣、快乐的，懂得劳动是不分贵贱的，每一个诚实劳动的普通劳动者都值得尊重。让学生体会是服务劳动使社会生活和谐舒适和美好，尊重他人服务劳动的人才值得尊重。

（4）公益劳动　自古有人倡导日行一善，就是每天做一些力所能及的帮助他人的事情，让社会更加美好和谐。公益劳动实践应推动学生接触社会、深入生活，培养学生为人民服务、为公众谋利益的良好思想品德。公益劳动实践活动主要围绕学校、社区的需要开展，学生通过公益劳动实践能够掌握一定的服务社会的基本知识、基本技能，依靠自身能力解决社会公益劳动中的问题。增强劳动意识，端正劳动态度，培养吃苦耐劳精神，形成尊重劳动、热爱劳动的情感，树立社会责任感和社会公益意识。

1.4.4　劳动教育实践项目实施的基本程序

依据教学设计的理论，根据学生的特点，劳动教育实践项目实施一般可分为以下几个阶段：明确实践目标，课前讨论，劳动知识准备，劳动资料、场地及人员准备，实践体验，总结、交流与评价。

（1）明确实践目标　劳动教育实践目标要紧密围绕劳动教育的目标而设，要通过劳动实践的锻炼使学生增长劳动知识和技能，通过劳动实践过程树立学生正确的劳动观，使学生对劳动有正确的认识并逐步养成良好的劳动习惯。

（2）课前讨论　为了端正劳动态度，激发劳动热情和劳动兴趣，可以在实践之前先讲劳模故事、时代楷模事迹等，再结合实际提出一些触动人心的现实问题，让同学们分组自由讨论或辩论，逐步加深对模范力量的认知、端正劳动态度、树立正确的劳动观念。

（3）劳动知识准备　为了完成劳动实践项目，学生们必须先学习相关的劳动知识和技能，在执行劳动实践项目的同时也提高了劳动知识和能力水平。

（4）劳动资料、场地及人员准备　特定劳动实践项目要顺利实施需要相应的劳动资料、劳动场地及人员的配备和支持。因此，劳动实践项目开始前要做好充足的准备，才能确保项目正常实施。例如，工业劳动实践项目的实施需要准备所需的工具、量具、设备、场地、材料，沟通确定专业的指导教师等，农业劳动实践的实施需要准备相应的种子、肥料、农业器械、试验田、农用物资存放场地，沟通确定专业的指导教师等。

（5）实践体验　通过劳动教育实践项目的实施让学生真实体验各种劳动过程，用自己的劳动和汗水体会劳动带来的快乐，明白劳动创造价值、劳动创造财富、劳动创造幸福、劳动开创未来。通过体验劳动过程，不但增长了劳动知识、提高了劳动技能，更重要的是端正劳动观念和态度，并通过劳动实践逐步形成良好的劳动习惯。

（6）总结、交流与评价　学生将自己或小组经过实践、体验之后获得的成果（实物或有关材料）进行总结、交流与评价，在交流与评价中取人之长、补己之短，学会客观地认识自己、全面地分析问题、辩证地思考问题，让学生在分析自我及评价他人的过程中获得经验、教训。

1.4.5　劳动实践项目的评价与考核

1. 劳动实践教育评价

教育评价是教育发展的指挥棒，是高等教育进入全面普及时期，高等教育能否健康前行、科学发展的重要前提，既是思想也是方法，在新时代具有特殊意义。运用北京师范大学林崇德教授关于中国学生核心素养的分析框架，对照中共中央、国务院印发的《中共中央　国务院关于全面加强新时代大中小学劳动教育的意见》和教育部印发的《大中小学劳动教育指导纲要（试行）》的通知（以下简称《纲要》），可以通过政策文本研究构建大学生劳动实践评价的整体框架。

（1）评价原则

1）系统性原则。大学生劳动教育实践是一项涉及劳动观念、态度、知识和能力，以及劳动习惯的系统工程。因此，对劳动教育实践的评价应采取系统论的观点和方法，全面考察劳动教育实践的各要素，使影响大学生劳动教育实践效果的各因素、实践过程的各环节紧密联系,形成有机整体,以便有效控制。

2)过程性原则。对大学生劳动教育实践的评价不能只评价劳动成果,而要对学生劳动教育实践全过程综合评价,包括劳动态度和观念、劳动的参与程度、劳动知识和技能的应用情况、劳动成果情况、总结汇报情况等方面。

3)主体性原则。大学生劳动教育实践的主体是学生,发挥学生的主观能动性应贯穿劳动教育实践的始终。因此,凸显学生的主体性要成为劳动教育实践评价的价值取向。在劳动教育实践评价过程中遵循主体性原则,就是指让学生也参与评价,强化评价对象(学生)的主体意识。

4)可操作性原则。大学生劳动教育实践过程对劳动观念、态度、习惯方面的成果要求较为抽象,必须提炼出具体的评价指标,评价过程才可操作。对大学生劳动教育实践的评价,评价体(语言、数据等)要具体、明确、准确,要具备可操作性。评价者要对劳动教育实践进行阶段性、真实、具体而详细的考察,反映劳动教育实践过程,最终做出科学评价。

(2)评价内容 根据教学目标与实践活动的基本环节,通过反复讨论、比对和修正,对评价指标精心提炼和归纳,本书总结形成劳动观念、劳动态度、劳动知识、劳动能力、劳动习惯5个维度、25个指标的评价体系。

1)劳动观念。劳动教育的首要目标就是树立正确的劳动观念,根据马克思主义劳动观的内涵,结合中国特色社会主义建设和大学生生活实际,确立4个评价指标:勤劳度、奋斗度、创新度和择业就业创业观。

2)劳动态度。劳动教育的第二个目标是端正劳动态度,正确的劳动态度主要有尊重劳动和劳动者,热爱劳动,弘扬劳动精神,践行劳模及工匠精神,结合大学生生活实际,确立7个评价指标:尊敬师长团结同学、戒奢侈浪费、维护公共卫生、戒安逸享乐、不畏艰难、精益求精和甘于奉献。

3)劳动知识。劳动教育第三个目标是教会学生懂劳动、会劳动、能劳动,劳动知识水平决定学生是否懂劳动,根据劳动知识的内容及大学生培养总体目标,确立4个评价指标:劳动相关的专业知识、劳动伦理、劳动保护和劳动法律知识,具体评价内容根据学习和实践内容确定。

4)劳动能力。劳动能力水平决定学生是否会劳动、能劳动,根据劳动能力的内涵,结合本书的侧重点,确立6个评价指标:实践项目完成度、劳动成果水平、总结汇报情况、团队协调情况、个人劳动情况和问题解决处理情况。

5)劳动习惯。劳动教育的第四个目标是培养学生劳动习惯,结合大学生特点及劳动实践项目运行情况,确立4个评价指标:出勤记录、项目进程记录、其他不良记录(如操作不安全不规范、没有清理环境卫生、实践过程中打游戏等)和服务意识。

劳动教育实践项目评价标准应随着实践的深入不断完善并细化,以保持其评价适用性,还应不定期地调整指标权重,使其与客观的实际情况更匹配,确保评价结果的科学性和准确性。

（3）评价方法　综合运用形成性评价与终结性评价，动态评价与静态评价，定性评价与定量评价，教师评价、同学评价与自我评价等评价方法，科学有效地评价大学生劳动教育实践效果。

形成性评价是指对学生实践行为与效果进行日常性记载（项目进程记录）。终结性评价一般是在实践活动后，对学生劳动教育实践项目所完成的劳动成果（产品、报告或总结）进行全面评价。终结性评价是以形成性评价为基础和前提的，评价过程依据丰富的过程材料，评价结果具有较强的客观性和科学性。

静态评价是对学生劳动实践的各项评价内容和指标进行汇总式的评价，得出学生在实践活动中的评价结论。动态评价则有一个分析过程，通过分析、比较、评价，把握学生在实践过程中思想与行为发展变化的特征和轨迹（如精益求精精神的评价）。

大学生劳动实践评价常使用定量评价，尽可能地把考评目标量化，以使评估结果容易把握。目标的量化，可提供一些客观资料，但如果片面追求量化评价，就会忽视一些一时不能确定的因素，从而导致评价的不全面。由教育引起的人的行为变化是很复杂的，因此应重视定性分析。例如，劳动观念、劳动态度，如果不转化为定性、定量的评价指标，劳动观念、劳动态度等一些较难评价的就会被忽略，导致评价不全面，进而导致劳动教育整体目标不能全面实现。

2. 劳动实践考核

（1）实践内容　调查你认为快乐的人或事，或者调查你身边最崇拜或羡慕的同学或老师，独立设计好交流的课题，了解被调查对象的快乐或成功的根源，以及其深层次想法与感受，做好相关记录，整理分析总结并写一份调查分析报告。

（2）实施要求　结合客观条件，自备材料、工具，自主拟定调查项目名称、内容、方法、实施方案，根据实际情况分析总结他人的经验，提出自己的观点和看法，总结他人的经验或教训，结合自身情况，指导自己的学习生活及人生规划。

（3）完成情况评价

1）调查实施步骤、方法正确（10%）。

2）调查问题准备充分，过程记录完整（20%）。

3）完成资料整理、总结分析（10%）。

4）调查报告详细、具体（30%）。

5）能运用所学的知识正确分析调查过程中出现的问题（10%）。

6）能对所出现的问题提出个人见解（10%）。

7）能借鉴别人的经验教训指导个人的生活学习及人生规划（10%）。

（4）成果形式

1）调查记录。

2）调查报告。

参考文献

[1] 卢玉亮. 新时代加强大学生劳动教育的目标、原则及路径［J］. 山东工会论坛，2020（9）：74-78.

[2] 中共中央马克思恩格斯列宁斯大林著作编译局. 马克思恩格斯选集：第一卷［M］. 北京：人民出版社，1995.

[3] 中共中央马克思恩格斯列宁斯大林著作编译局. 马克思恩格斯选集：第四卷［M］. 北京：人民出版社，1995.

[4] 中共中央马克思恩格斯列宁斯大林著作编译局. 马克思恩格斯选集：第三卷［M］. 北京：人民出版社，1995.

[5] 马克思. 1844年经济学哲学手稿［M］. 北京：人民出版社，1985：52.

[6] 习近平. 习近平谈治国理政：第一卷［M］. 北京：外文出版社，2014.

[7] 蔡亚楠. 新时代大学生劳动教育研究［D］. 保定：河北大学，2020.

[8] 刘向兵，李珂. 论当代大学生劳动情怀的培养［J］. 教学与研究 2017（4）：83-89.

[9] 梁琴琴. 新时代高校劳动教育研究［D］. 南充：西华师范大学，2020.

[10] 黄云明. 马克思劳动伦理思想的哲学研究［M］. 北京：人民出版社，2015.

[11] 夏明月. 劳动伦理研究：和谐劳动关系与和谐社会构建［M］. 北京：人民出版社，2012.

[12] 徐溪远. 新时代大学生劳动教育研究［D］. 西安：西安理工大学，2017.

[13] 尹丁鹏. 大学生劳动教育的思想政治教育功能研究［D］. 成都：四川师范大学，2020.

[14] 周济. 切实推进高校辅导员队伍建设为加强大学生思想政治教育提供坚强的组织保证［R］. 北京：教育部，2006.

[15] 马克思. 资本论：第一卷［M］. 北京：人民出版社，2004.

[16] 蔡瑞林，花文凤. 基于混合研究方法的大学生劳动素养评价指标体系构建［J］. 中国大学教学，2021（11）：81-84.

[17] 刘强，周林，郭珂. 基于翻转课堂的教学评价体系研究综述［J］. 高等建筑教育，2016（5）：44-48.

第 2 章 工业劳动实践

工业发展经历了四个阶段：第一阶段"工业1.0"，机械生产代替手工劳动，经济社会从以农业、手工业为基础转型到了以工业和机械制造带动经济发展的模式。第二阶段"工业2.0"，零部件生产与产品装配的成功分离，开创了产品批量生产的新模式。第三阶段"工业3.0"，机器能够逐步替代人类工作，制造过程自动化。第四阶段"工业4.0"，以智能制造为主导的第四次工业革命。当代大学生是建设工业4.0的主力军，通过组织大学生参加各类工业劳动实践，培养他们胜任专业的劳动实践能力、具有较强的创新创业能力，以及在劳动实践中发现问题和创造性地解决问题的能力；使学生养成良好的劳动习惯，能够理解和形成马克思主义劳动观，牢固树立劳动最光荣、劳动最崇高、劳动最伟大、劳动最美丽的劳动价值观。

1. 工业劳动的定义

工业劳动是对自然资源的开采、采集和对各种原材料进行加工的社会物质生产劳动，不仅为国民经济各部门提供生产所必需的各种原材料、能源和技术装备，也为人们提供丰富多样的生活资料。

2. 工业劳动实践的特点

1）工业劳动实践受自然灾害的影响小，实践过程稳定、可靠。

2）生产工具的革新和应用，以科学技术的发展水平，推动了工业劳动实践活动的发展。

3）少数以农产品为原料的加工工业实践（如制糖），劳动实践过程有一定的季节性和地域性。

3. 工业劳动实践的分类

工业劳动实践有两种分类方法。第一种分类方法是将工业劳动实践分为重工业劳动实践和轻工业劳动实践。轻工业是指主要提供生活消费品和制作手工工具的工业，与之相关的劳动实践可称为轻工业劳动实践；重工业是指为国民经济各部门提供物质技术基础的主要生产资料的工业，与之相关的劳动实践可称为重工业劳动实践。

第二种分类方法是按照三大产业经济来划分，工业属于第二产业经济，包括能源工业、钢铁工业、机械工业、建筑工业等。相应地与之相关的劳动实践可分为能源工业劳动实践、钢铁工业劳动实践、机械工业劳动实践和建筑工业劳动实践等。

2.1 实践项目1：质检员职业体验劳动实践项目

2.1.1 概述

1. 引例

"质量是企业的生命线，对产品质量的把关，再严格也不为过，再仔细也不嫌多。"这是全国劳模陈素萍经常挂在嘴边的话。作为质检员，她始终坚持铁面无私、严字当头，在工作中从未徇过一次私情，从不放过任何一个小问题，坚持每天2次下车间，按照质量制度及技术要求严格落实产品监督。同时，每天下午3时30分准时参加生产碰头例会，对产品检验中需要解决或生产过程中遇到的棘手难题，及时进行协调解决。2018年至今，经陈素萍组织牵头的质量改进达到105项。2020年，公司质检合格率高达99.5%以上。⊖

机械零件尺寸测量是零件质检过程中的一个必要步骤，是检测零件加工质量是否合格的关键。质检员的工作职责是负责企业所有物资、产品、设备的质量检查工作。质检员上岗需进行培训和考证，只有通过了质检员资格考试，携带质检员资格证书方可上岗。

2. 质检员的职业规范

1）质检员要具有良好的职业道德和敬业精神。测量、检验时须认真、细致、负责、坚守原则。质检员要有一定的沟通协调能力和团队合作精神。

2）质检员要熟悉和掌握各种工量具性能，能正确操作仪器，并掌握一般性维护保养和故障处理方法，定期检查、校正和维修工量具，检验前必须对工量具进行检查和校正。

3）质检员进入车间检验必须穿戴劳保用品，注意安全。

4）质检员必须严格按设计图样资料进行检测，不得随意更改设计。

5）质检员必须熟悉设计图样，检验产品是否与图样相符合。

6）质检员必须对所检产品进行记录、存档。

3. 质检员职业体验劳动实践项目的特点

1）本项目可以利用学校现有的资源和场地，以实训基地为主要载体，因地制宜、劳动与教育相结合。

2）本项目可以让学生以质检员身份完成零件的尺寸检测，并利用所学的专业知识分析测量数据，确定零件是否符合设计图样上的技术要求。

⊖ 资料来源：今日玉环，巾帼心向党·奋进新征程⑤｜劳模陈素萍：质检岗位上的"铁娘子"。有改动。

3) 本项目只需要一个容纳 30~60 位学生的教室就可以实施,容易运行。

4) 本项目适用对象是本科生,适合以班级为单位分组进行。可以根据需要设置实践活动负责人、技术人员、安全员,辅助指导教师保证劳动实践课有序、安全地进行。

4. 质检员职业体验劳动实践项目的培养目标

1) 让大学生通过尺寸测量实践,亲历质检员质检过程,体验质检员职业规范,了解质检员职业道德;明确质检员岗位职责、工作任务和工作目标。

2) 让大学生通过正确选择、使用工量具,掌握工量具的保养方法,培养大学生爱护工量具的良好劳动习惯。

3) 让大学生通过反复、准确和客观地测量零件,形成严谨、认真、实事求是、不怕苦的劳动作风,增强诚实劳动意识。

4) 对测量工具——游标卡尺零线不重合存在误差的问题,让大学生学会利用所学的专业知识对游标卡尺进行修正,培养大学生勤俭节约和创造性劳动的能力。

5) 通过引入先进的三维扫描测量技术,在劳动实践中培养大学生关注新技术发展支撑、快速接受先进科学技术的能力。

2.1.2 质检员职业体验劳动实践

1. 实践内容与要求

本质检员职业体验劳动项目主要内容是零件尺寸测量。该劳动实践按照尺寸质检员职业规则进行,学生动手测量零件尺寸,规范使用各种测量工具,做到上道工序不合格的零部件不能转入下道工序,保证装配前零部件质量,形成良好的劳动习惯和严谨的科学精神。

2. 实践量具使用方法和注意事项

实践可选用测量工具如图 2-1 所示。

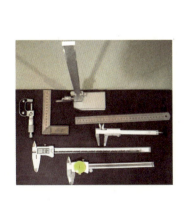  

图 2-1 测量工具

（1）钢直尺 钢直尺是最基本的测量工具，用薄钢板制成，可以直接测量工件的尺寸，如图 2-2 所示。钢直尺一般用于精度要求不高的测量，最小刻度单位为 mm，长度规格有 150mm、200mm、300mm。

图 2-2 钢直尺

钢直尺的规范使用方法如下：

1）测量时，工件平放，钢直尺要放平、放正，刻度面朝上、朝外，不能前后、左右歪斜。

2）读数时，视线必须与尺面垂直，以端边的"0"刻线作为测量基准，这样，测量时容易找到测量基准，便于读数和计数。

3）用钢直尺测量轴类零件圆形截面直径时，钢直尺的端面与被测面的边缘相切，找出最大尺寸位置，即可测得所测圆形直径尺寸。

钢直尺的使用注意事项如下：

1）使用钢直尺前，要检查钢直尺各部位有无损伤，不允许有影响使用性能的外观缺陷，如碰弯、划痕、刻度断线或看不清刻度线等缺陷。

2）有悬挂孔的钢直尺，使用后必须用干净的棉丝擦干净，然后竖起来使其自然下垂。如果没有悬挂孔，则将钢直尺擦净后平放在平板、平台或平尺上，防止其受压变形。

3）如果较长时间不用，要将钢直尺涂上防锈油；存放在低温、干燥的环境中。

（2）游标卡尺 常用的游标卡尺的测量范围为 0~150mm，精度分为 0.10mm、0.20mm 和 0.50mm 等。常用的游标卡尺有：游标卡尺（图 2-3a）、数显卡尺（带数字显示器的游标卡尺，图 2-3b）、表卡（带表头的游标卡尺，图 2-3c）。表卡的测量精度为 0.02mm，用于常规尺寸测量。数显卡尺的测量精度为 0.01mm，用于精加工尺寸测量。游标卡尺常用于工件内径、外径、长度及深度等的粗加工测量，在工厂中广泛应用，结构如图 2-4 所示。

游标卡尺的规范使用方法如下：

1）确定卡尺精确度。游标卡尺的精度是 1mm 除以游标上的刻度。10 格精度为 0.1mm，20 格精度为 0.05mm，50 格精度为 0.02mm。图 2-5 中，游标卡尺为 50 格，精度为 0.02mm。

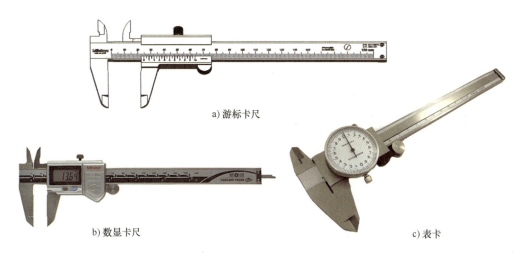

a) 游标卡尺

b) 数显卡尺

c) 表卡

图 2-3　游标卡尺的种类

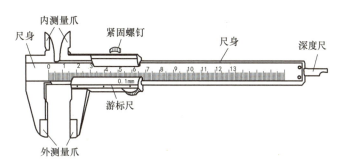

图 2-4　游标卡尺的结构

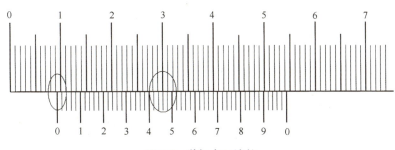

图 2-5　游标卡尺读数

2) 游标卡尺的总读数=主尺上的整毫米数+副尺上整毫米以下的小数-零误差。

① 确定主尺上的整毫米数。看副尺"0"线位置，如图 2-5 所示，副尺"0"线在 9mm 的后面，即主尺上的整毫米数为 9mm。

② 确定游标尺上整毫米以下的小数。看副尺和主尺完全重合的数位，设为 Xn。n 为游标卡尺副尺上第 n 个与主尺刻度线对齐的格数。不同精度的游标卡尺，X 值不同，精度 0.1mm 的游标卡尺 X 值为 0.1，精度 0.05mm 的游标卡尺 X 值为 0.05mm，

精度 0.02mm 的游标卡尺 X 值为 0.02mm。如图 2-5 所示，游标卡尺为 50 格，精度 0.02mm，副尺和主尺完全重合的数位为 23，则小数部分为 23×0.02mm＝0.46mm（若没有正好对齐的线，则取最接近对齐的线进行读数）。

③ 确定游标卡尺的零点误差。看游标和尺身的零刻度线是否对齐，如果对齐就可以进行测量，如果没有对齐则要记取零误差，游标的零刻度线在尺身零刻度线右侧的为正零误差，在尺身左侧的为负零误差。如果需要测量几次则取平均值，不需要每次都减去零误差，只要从最后结果减去零误差即可。

图 2-5 中游标卡尺读数为（9+0.46）mm＝9.46mm。

游标卡尺使用注意事项如下：

1）测量前，要擦净工件测量表面以及游标卡尺的主尺、游标、量爪；检查测量爪是否磨损。

2）测量时，先拧松紧固螺钉，移动游标不能用力过猛。两量爪与待测物的接触不能过紧。不能使被夹紧的物体在量爪内挪动；读数时，视线必须正对刻线，两手拧紧固螺钉时要均匀用力，保证测量准确性；固定读数时，用紧固螺钉将游标固定在尺身上，防止滑动。

3）游标卡尺是比较精密的测量工具，要轻拿轻放，不能碰撞或跌落地下。不要用来测量粗糙的物体（如锻件、铸件表面和运动工件的表面），以免损坏量爪；不用时要放在干燥的地方防止锈蚀；长久不使用的游标卡尺要擦净上油放入盒中保存。

（3）90°角尺　90°角尺也称为直角尺，用于检验工件的垂直度或检定仪器、机床纵（横）向导轨及工件相对位置的垂直度，如图 2-6 所示。

图 2-6　90°角尺

90°角尺的规范使用方法如下：

1）将 90°角尺座的测量面紧贴工件基准面。

2）从上向下缓慢移动，使角尺测量面与工件的被测表面接触，目光平视，用光隙法来鉴别被测工件被测面和基准面是否垂直。

3）检验工件外角时，要使 90°角尺的内边与被测工件接触；检验内角时，则使 90°角尺的外边与被测工件接触。

90°角尺使用注意事项如下：

1）使用前，将90°角尺工作面和被检工作面擦净，检查各工作面和边缘是否被碰伤。

2）使用时，先用锉刀将工件的锐边倒钝。

3）测量时，注意90°角尺的正确安放，不能歪斜。

4）在使用和安放工作边较大的90°角尺时，要注意防止弯曲变形。

5）为了得到精确的测量结果，可将90°角尺翻转180°再测量一次，取二次测度数的算术平均值作为其测量结果，这样可以消除角尺本身的偏差。

（4）三维扫描仪　三维扫描仪可以扫描任何尺寸、曲面复杂的物体，扫描精度能达到0.03mm，是一种先进的检查测量设备。它能快速采集物体表面点的数据信息，进行三维重建计算，直接生成的STL文件，导入到检测软件加以快速编辑和后续处理进而在虚拟世界中创建实际物体的数字模型。三维扫描仪广泛用于模具设计、逆向工程、实体扫描和数据分析。在工业检测领域三维扫描仪目前最主流的是三坐标测量仪、拍照式三维扫描仪和手持式三维扫描仪。

以下介绍手持式三维扫描仪规范使用方法。

被测零件如图2-7所示，其曲面复杂、不规则，采用如图2-8所示的手持式三维扫描仪作为测量工具。

图2-7　被测零件

图2-8　手持式三维扫描仪

1）开机前，仔细检查各电源插头，以免在测量过程中断电而导致数据丢失；开机后，进入超级用户状态，不得随意修改各系统参数，不得随意删除系统文件；测量前，须理顺数据线路，以免搬动支架时被绊倒。

2）清理工件表面（图2-9），粘贴扫描点（图2-10）。

3）打开扫描软件，在主菜单选择"标定"选项，如图2-11所示。

4）在新建工程对话框中新建工程，如图2-12所示。

5）手持扫描仪，移动扫描仪设置合适的点距，如图2-13所示。

 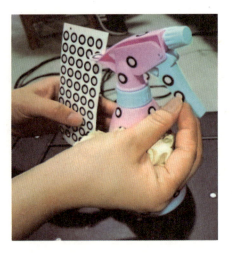

图 2-9　清理工件表面　　　　图 2-10　粘贴扫描点

图 2-11　选择"标定"选项

图 2-12　新建工程　　　　　图 2-13　设置点距

6）根据屏幕显示的图像，移动扫描仪，调节图像亮度和 LED，如图 2-14 所示。

7）开始扫描，扫描过程和扫描结果如图 2-15 所示。

8）生成的三维实体网络数据如图 2-16 所示。

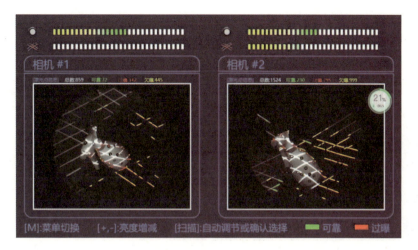

图 2-14 调节图像亮度和 LED

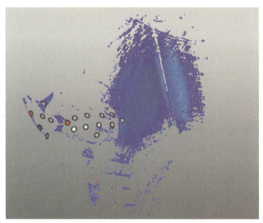

a) 扫描过程

b) 扫描结果

图 2-15 扫描过程和扫描结果

图 2-16 生成三维实体网络数据

9）保存数据，打开如图 2-17a 所示的对话框，选择生成 STL 格式的文件，如图 2-17b 所示。

 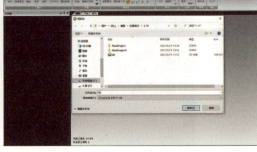

a) 对话框　　　　　　　　　　　　　　b) STL 格式的文件

图 2-17　保存数据

10）测量结束，小心拆下扫描仪各部分，将镜头用镜盖合上装入箱中。

11）做好测量场地和设备的清洁工作，填写设备运转情况记录。

手持式三维扫描仪使用注意事项如下：

1）手持式三维扫描仪设备属于精密仪器，在使用过程中要轻拿轻放。

2）禁止用利器敲打、用手触摸 CCD 相机镜头和激光发射器。

3）使用时必须在专业老师的指导下进行操作。

4）用专用纸擦拭镜头以保证清洁（图 2-18）；用柔软的纸定期擦拭液晶显示器，不要用尖锐的物品接触显示器，不用时用干净布遮好。

5）设备使用完毕，应及时收到指定设备箱，并送回仓库。

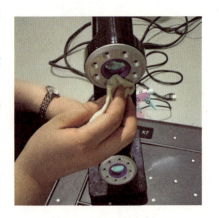

图 2-18　擦拭镜头

3. 实践方法与步骤

1）师生穿上工作服，进入测量检验室。由指导老师介绍尺寸测量的目的和重要性、尺寸测量员的职业规则、机械零件尺寸测量的检测标准和细则。

2）由指导老师统一安排、分派测量任务。

3）学生检查零件图是否清晰，并审阅、熟悉检测零件图。

4）检查被测零件形状、材质是否与零件图一致。

5）熟悉零件结构，分清定形尺寸、定位尺寸、关键尺寸、明确外观要求、表面粗糙度值等，选择合适的测量工具，以保证测量质量。

6)规范使用测量工具,正确测量,记录、采集全部数据,填写零件尺寸检验记录单,见表2-1。

表2-1 零件尺寸检验记录单

零件名称								
序号	技术要求	测量工具	实测结果/mm				判定(是否合格)	备注
			1	2	3	4		
1								
2								
3								
4								
5								
6								
7								
测量者			检验者				测量日期	

7)测量完毕,在零件不影响装配的部位打上责任标记,并将合格品和不合格品分开。指导教师安排专检人员按规定对零件按比例抽检,抽检不合格的退回加工环节返修,再提交复检。

8)测量结束后,将测量工具擦拭干净上油放入盒中,置于干燥环境中保存,防止锈蚀,将测量件擦净归位。

4. 实践完成情况评价

1)测量零件时,掌握质检员职业道德、职业规范和工量具使用安全操作章程的程度评价(40%)。

2)零件测量过程评价

① 材料、工具准备(5%)。

② 绘制简单零件图,编制测量方案(5%)。

③ 常用工量具的使用和维护(5%)。

④ 规范测量零件尺寸(25%)。

3)常用工量具正确使用的能力,尺寸测量过程问题处理的能力评价和判断零件是否合格的能力评价(10%)。

4)针对检验记录单分析误差原因,提出改进测量方案评价(10%)。

2.2 实践项目2：机床日常维护和保养劳动实践项目

2.2.1 概述

1. 引例

陈少杰，2020年全国劳动模范，是广东能源茂名热电厂有限公司维修部副部长，主要负责所属设备的检修维护、技术改造等工作。"巡查是必需的，每天都要巡查。"陈少杰接受记者采访时说，他秉承预防为主，从细微处消除隐患的原则，对自己所辖区域各专业的缺陷主动检查、主动协调处理，及时消除缺陷。因为心存信念，才能奋斗不息、初心不改、方得始终，陈少杰以爱岗奉献的精神，朴实的品格铸就了工匠精神，以工匠的社会责任和家国情怀为自己的人生写下了浓墨重彩的一笔。⊖

坚持做好机床的日常维护保养工作，才可以延长元器件的使用寿命，延长机械部件的磨损周期，防止意外恶性事故的发生，争取机床长时间稳定工作。

2. 机床三级保养制度

一般机床的保养依据工作量大小和难易程度，分为一级保养、二级保养和三级保养，所形成的维护保养制度称为"三级保养制"。一级保养又称为日常保养，是由操作者本人完成的班前班后保养；二级保养以操作者为主，维修人员为辅，一般为机床每运行500h进行一次；三级保养以维修人员为主，操作人员为辅，一般为机床每运转2500h进行一次。三级保养的主要内容见表2-2。

表2-2 设备三级保养的主要内容

项目	一级保养	二级保养	三级保养
主要内容	① 清扫、擦拭设备各部件及设备表面 ② 依规对机床导轨面、机床润滑系统加注润滑油 ③ 注意检查容易松脱的螺钉等，调整并消除设备各运动部位、配合部位小缺陷 ④ 检查设备零部件是否完整等	① 检查、清扫电器箱和电动机，保障安全防护装置牢靠 ② 彻底清洗、擦拭设备外表面，清洗附件及冷却装置等，彻底清除油污 ③ 检查有关运动部件磨损情况，调整各部件配合间隙，紧固各部位 ④ 检查油泵、疏通油路、检查油箱油质、油量 ⑤ 清洗或更换油毡、油线、过滤器等	三级保养除完成二级保养的全部工作外，主要是对设备易损零部件的磨损与损坏进行修复或更换；针对润滑部位的清洗及结合换油周期检查润滑油质，进行清洗换油

⊖ 资料来源：澎湃新闻·澎湃号，从基层班员到全国劳模：他坚守浇灌检修岗位15年，践行工匠精神！有改动。

3. 机床的日常维护和保养必须做到的"三好""四会""五原则"

1)"三好"是指操作人员针对所使用的机床要管好、用好、修好。

2)"四会"是指操作人员针对所使用的机床要会使用、会保养、会检查、会排除一般故障。

3)"五原则"是:

① 严格遵守安全操作规程。

② 按润滑图表规定加油,做到不完成好润滑工作不开机,不完成清洁工作不下班。

③ 认真执行交接班制度,填好交接班及设备运转情况记录。

④ 管好工具和附件,不得遗失。

⑤ 不准在机床运行时离开岗位,发现故障时应立即停车,自己不能处理的,应及时通知维修工人检修。

4. 机床日常维护和保养劳动实践项目的特点

1) 本项目可利用学校工业培训中心(工程训练中心)拥有车床、铣床、数控机床、钻床、磨床、刨床、热处理设备等各类机床的资源优势,项目可操作性、可推广性强。

2) 本项目以机床日常维护和保养为主的劳动实践活动中,学生既是机床的操作者也是机床维护和保养的维护人员。

3) 本项目适用对象是本科生,适合以班级为单位,5~10位同学一组完成。可根据需要设置团队负责人、技术人员、安全员,辅助指导教师保证劳动实践课有序、安全地进行。

5. 机床日常维护和保养劳动实践项目的培养目标

1) 机床日常维护和保养的劳动实践,让大学生养成爱护设备、不怕脏、不怕累、坚持安全文明生产的良好劳动习惯。

2) 在对机床进行日常维护和保养过程中,一旦发现故障便及时上报、及时处理,并在实践指导教师的帮助下完成机床的简单调整和零部件的更换,培养大学生的责任心和敬业心。

2.2.2 中走丝线切割机床的日常维护和保养

1. 机床的日常维护和保养实践内容与要求

本机床日常维护和保养劳动实践项目的主要内容是 M332 中走丝线切割机床的日常维护和保养,是机床三级保养制度中的一级保养,由操作者本人在班前班后完成。

2. 准备工具

机床的日常维护和保养实践需要准备的工具,如图2-19所示。

3. 机床的日常维护和保养实践

M332 中走丝线切割机床的日常维护和保养具体方法与步骤如下：

1）用抹布擦除溅在工作台上的工作液和蚀物（图 2-20）。用煤油清理运丝系统的导轮（图 2-21a）、导电块（图 2-21b）等部件。

图 2-19 机床维护工具

图 2-20 擦除工作液

a）导轮

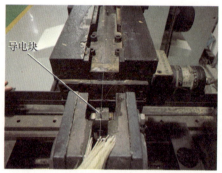

b）导电块

图 2-21 用毛刷沾上煤油清理部件

2）停机 8h 以上时，加工区域须涂油防护（图 2-22）。

图 2-22 涂油防护

3)机床每班一次须完成的润滑 润滑表见表2-3。

表2-3 线切割机床每班一次润滑表

序号	润滑部位		加油时间	加油方法	润滑油种类
1	工作台部位	滚珠丝杆副	每班一次	手动油泵	20号机油
2		直线导轨			30号机油
3	运丝部件	运丝丝杠副		手动油泵	30号机油
4		运丝导轮			
5		齿轮			

4)机床其他润滑 线切割机床每周一次润滑表见表2-4。

表2-4 线切割机床每周一次润滑表

序号	润滑部位		加油时间	加油方法	润滑油种类
1	升降部件	升降丝杆副	每班一次（手动）	手动油泵	20号机油
		升降导轨			
2	导轮轴承		每3个月一次	更换	高速润滑油
3	其他轴承		每6个月一次	更换	润滑油脂

4. 机床的日常维护和保养实践注意事项

M332中走丝线切割机床日常维护保养注意事项如下：

1）定期组织学生更换水性专用工作液。

2）每次开机前，仔细检查导轮和运丝轮V型槽的磨损情况，出现严重磨损需要及时更换。单班制工作时，3个月成套更换导轮。

3）及时更换磨损的导电块。

5. 机床的日常维护和保养实践项目完成评价

1）劳动实践项目完成过程中，掌握机床维护职业道德、职业规范和维护工具安全操作的程度评价；团队分工、协作的程度评价（40%）。

2）劳动实践项目完成过程中，维护保养材料、工具的准备情况（5%）。

3）劳动实践项目完成评价（表2-5），采用三级评分制，即优秀、良好、及格（45%）。

表2-5 机床清洁保养评价表

评价项目	自评结果	互评结果	师评结果	改进建议
机床导轨面清洁保养				
机床各运动部件保养				
机床外观保养				
周围环境卫生清理				

4）出现机床异常、零部件磨损等情况时，能否对机床进行简单的调整，能否完成零部件的更换等创新开拓能力评价（10%）。

5）每组完成一台机床的日常保养，并撰写一份劳动实践项目过程执行报告。

2.3 实践项目3：架子工职业体验劳动实践项目

2.3.1 概述

1. 引例

杨德兵曾经是重庆永和建筑工程有限公司架子工班组组长，他针对架子工岗位工作条件相对艰苦、事故苗头较多的特点，在新工友进入施工现场前对他们进行系统的安全培训，举办"架子工技术""安全规程""现场安全施工三不伤害"等技术培训，并进行考试，使施工人员的安全意识和技术水平都达到规范要求。杨德兵总结从事架子工的工作经验，整理自己的工作日记，结合施工现场的各种位置、可能出现的各种安全隐患、脚手架搭拆的应变能力等情况，编写了《施工现场脚手架搭拆》《扣管、碗扣式钢管脚手架的区别及应用》等小册子，并在公司内部进行推广使用。杨德兵说：这份手艺不能忘了，架子工才是我的老本行，全国劳模只不过是我的一份荣誉而已，我不能对不起这份工作。⊖

在我国建筑施工系统每年发生的伤亡事故中，有1/3左右直接或间接地与架设工具及其使用不当有关；同时，建筑施工架设工具本身及其构造技术和使用安全管理工作处于较为落后的状态，事故的发生率较高，因此脚手架的规范搭建非常重要。

2. 架子工的职业规范

架子工是用搭设工具，将钢管、夹具和其他材料搭设成操作平台、安全栏杆、井架、吊篮架、支撑架等，且能正确拆除的人员。作为一名架子工，需要热爱本职工作，忠于职守；遵章守纪，安全生产；尊师爱徒，团结互助；勤俭节约，关心企业；钻研技术，勇于创新。

3. 架子工职业体验劳动实践项目的特点

1）本项目采用占据国内70%以上市场的普通扣件式钢管脚手架作为学生劳动实践的搭建主体内容。

2）项目实践内容脚手架搭设作业属于建筑业的特种行业，劳动实践指导教师要接受专门安全操作知识培训，熟悉和掌握脚手架搭设的安全操作规程和操作技能，取得《建筑施工特种操作资格证书》，才能指导学生。

⊖ 原标题：架子工杨德兵：拆拆搭搭中诞生技能大师，来源：工人日报。

3）本项目的搭设场地必须平整,需要一个标准教室及 100m² 以上的建筑物或相应面积的辅助场地。

4）本项目适用对象是本科生,适合以班级为单位分组进行,每组 10~15 人,每组设置负责人、技术人员、安全员。

4. 架子工职业体验劳动实践项目的培养目标

脚手架施工大多属于高空作业,作业人员经常处于悬空状态,搭建和拆除时必须严格按规范执行,否则会导致垮塌、失稳和高处坠落等危险。大学生在搭建过程中,必须精神集中、团结协作、互相呼应、听从指挥。让大学生通过脚手架搭建劳动实践,在集体劳动中规范操作、遵章守纪、安全生产和团结互助的劳动素质。

2.3.2 架子工职业体验劳动实践项目

1. 架子工职业劳动体验实践项目内容与要求

脚手架是为了保证建筑施工过程顺利进行,使用竹、木、钢管或合成材料等搭设的各种支架,目的是保护高空施工人员的安全,为高空作业提供便利。脚手架广泛运用于建筑模板工程的支撑、装修工程和机电安装、舞台搭建、船舶修造业等行业。

1）常用的有扣件式钢管脚手架、碗扣式脚手架和门式脚手架三大类。

2）按照脚手架搭设方法分为:落地式脚手架、悬挑式脚手架、吊式脚手架、升降式脚手架。

3）脚手架按照所用材料不同分为木竹脚手架、钢管脚手架和软梯。

4）按照施工性质分为建筑脚手架和安装脚手架。

5）按照是否可以移动分为移动脚手架和固定脚手架。

6）按照塔接形式不同分为单排脚手架、双排脚手架和满堂脚手架。

本劳动实践项目是扣件式脚手架的搭设与拆除。受客观条件限制,本项目搭设的脚手架不设底座与垫板,不设安全网,不与实体墙固定,主要内容是指导教师组织学生在指定地基上搭设长 6m、宽 3m、高 1m 的长方体脚手架。课前指导教师通过发布课前任务,组织学生线上学习脚手架搭设相关知识,让学生对项目有简单的认知。

2. 架子工职业劳动体验实践项目实践材料和工具准备

(1) 钢管 钢管规格为 $\phi48.3mm\times3.6mm$ 普通钢管,如图 2-23 所示。

(2) 扣件 指导教师准备各种规格扣件。十字扣件 30 个,对接扣件 30 个,转向扣件 20 个,如图 2-24 所示。直角扣件(十字扣件、定向扣件)用于连接垂直交叉杆件。对接扣件(一字扣件、直接扣件)用于两根杆件对接接长的连接。旋转扣件(活动扣件、万向扣件)用于连接固定两个杆件并能灵活转动,方便施工。扣件在使用前,发现有脆裂、变形、滑丝现象,要及时更换。

(3) 扳手 指导教师准备多号套头的普通手动扳手(图 2-25a)和电动扳手(图 2-25b)。

图2-23 准备钢管

a) 直角扣件　　　　　　　b) 对接扣件　　　　　　　c) 旋转扣件

图2-24 准备扣件

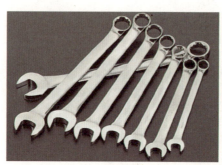 

a) 手动扳手　　　　　　　　　　b) 电动扳手

图2-25 准备扳手

（4）指导教师准备安全帽25个、劳保手套500副。

3. 架子工职业劳动体验实践项目实践方法与步骤

（1）本项目扣件式脚手架搭设方法与步骤如下

1）按照本劳动实践项目搭设的脚手架尺寸，在地面画出脚手架轮廓图。

2）安装立杆。

① 立杆是脚手架中垂直于水平面的竖向杆件。搭设时，如果搭设地面整平夯实，

立杆埋入地下 300~500mm；如果搭设地面不平没有夯实时，安装立杆前垫枕木并加设扫地杆。

② 立杆搭设原则：先内后外，每排立杆从两头往中间搭设；纵横向立杆间距不大于 2000mm，步距不大于 1800mm。立杆步距是指上下水平杆轴线间距离。立杆间距是指脚手架相邻立杆间轴线距离。

③ 连接立杆的扣件要交错布置，相邻立杆的对接扣件不能在同一截面内。

3）摆放纵向、横向扫地杆

① 扫地杆是贴近地面、连接立杆根部的水平杆。纵向扫地杆是沿脚手架纵向设置的水平杆，横向扫地杆是沿脚手架横向设置的水平杆。

② 摆放纵向、横向扫地杆时，按照先纵后横的原则搭设。纵向扫地杆采用直角扣件固定在立杆上，距立杆底端小于 200mm。横向扫地杆用直角扣件固定在紧靠纵向扫地杆下方的立杆上，如图 2-26 所示。

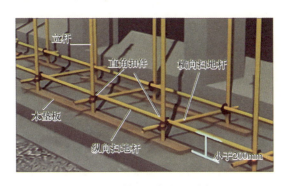

图 2-26　搭设立杆与扫地杆

4）连接纵向水平杆和横向水平杆。水平杆是脚手架中的水平杆件，脚手架纵向水平杆的搭设要符合 JGJ 130 的规定：

① 纵向水平杆是横向水平杆的支座，用直角扣件固定在立杆内侧。单根纵向水平杆的长度要大于 3 跨（跨是脚手架立杆的纵向间距）。

② 相邻两根纵向水平杆的对接扣件要交错布置，不能在同步或同跨内。

③ 也可采用搭接方式实现纵向水平杆的搭接，如图 2-27 所示。搭接长度不能小于 1m，等间距用 3 个旋转扣件固定，端部扣件盖板边缘至搭接纵向水平杆杆端的距离大于 0.1m。

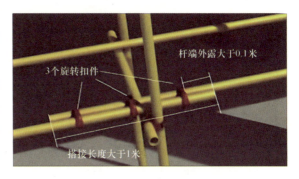

图 2-27　纵向水平杆的搭接

④ 横向水平杆两端采用直角扣件固定在纵向水平杆上，最大间距不大于纵跨的一半。

⑤ 立杆、纵向水平杆、横向水平杆三杆紧靠的扣接点称为主节点。主节点处必须设置一根横向水平杆，紧靠立杆用直角扣件扣牢在纵向水平杆的上方，横向水平杆如图 2-28 所示。

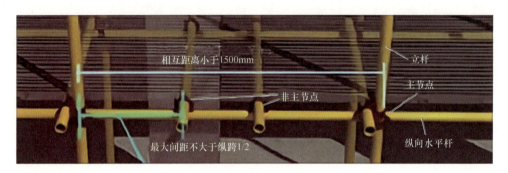

图 2-28　横向水平杆的搭接

（2）本项目扣件式脚手架拆除环节方法与步骤

1）拆除脚手架前，要全面检查脚手架，重点检查扣件连接固定等是否符合安全要求。

2）拆除脚手架时，遵循从上而下逐层进行，后搭设的部件先拆，先搭设的部件后拆，同层杆件和扣件按照先外后内的顺序拆除。严禁采用推倒或拉倒的拆除方式。施工现场要听从统一指挥，做到上下呼应、动作协调。严禁上下同时作业。

3）拆除的脚手架部件应及时运至地面，严禁从空中抛掷。

4）拆除脚手架完成后，及时清点拆除的脚手架部件，分类堆放。

4. 架子工职业劳动体验实践项目注意事项

1）搭设脚手架专业性很强，建筑工地上都是专业分包，必须由持有有效上岗证的架子工进行搭设。本项目在进行过程中，建议安排两个指导教师指导，禁止其他非作业人员进入作业区域，消除安全隐患。

2）搭设脚手架在露天进行，受天气影响大，恶劣天气时，即便是专业工人都要停工。学生现场操作一旦有雨雪或高温，要做好防护措施或择期。

3）搭设脚手架要安排仓库，放置材料和工具。

5. 架子工职业劳动体验实践项目完成评价

1）在搭建和拆除扣件式脚手架过程中，学生遵守架子工职业道德、职业规范，是否精力集中、团结协作、互相呼应、听从指挥和团结互助等（30%）。

2）在搭建和拆除脚手架时，学生是否严格按规范操作、遵章守纪的程度评价，主要分：材料、工具准备（10%）；规范搭设脚手架（20%）；规范拆除脚手架（20%）。

3）脚手架工作状态分析和搭设问题处理的能力评价（10%）。

4)创新设计,针对搭设过程提出改进方案评价(10%)。

每组搭设一个扣式脚手架,并撰写一份劳动实践项目执行报告。

参考文献

[1] 黄云清. 公差配合与测量技术 [M]. 北京:机械工业出版社,2007.
[2] 谢怀湘. 机床工具测量装置 [M]. 北京:机械工业出版社,2010.
[3] 王健石. 机械加工常用量具 [M]. 北京:机械工业出版社,2006.
[4] 安子军. 机械原理 [M]. 北京:机械工业出版社,2009.
[5] 王伟平. 机械设备维护与保养 [M]. 北京:北京理工大学出版社,2010.

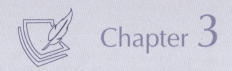

第 3 章　农业劳动实践

随着经济的快速发展，信息技术的发展也变得更加快速，现代化农业建设的脚步也日益加快，越来越多的新技术和新设备投入农业生产当中。大学生可以在实践中学习现代农业设备的使用，感受先进技术的魅力，并在其中体会它们与工科知识的联系和区别。此外，农业劳动实践能够培养大学生接受新事物的能力，激发创新思维，增强创新意识。

1. 农业劳动的定义

农业生产进程中，劳动力的使用和消费就是农业劳动。植物、动物、微生物等生物原本在自然界中自由生长，受环境、土壤各种因素的影响。农业劳动就是人类直接、间接从事农、林、牧、副、渔业，利用外界条件对植物、动物、微生物进行直接或间接的控制和调节，减少环境、土壤等因素的影响，使它们按照人类的需求方向进行生长、发育和繁殖。农业劳动过程既包括体力活动（操作各种农业工具从事农业生产活动），又包括脑力活动（进行与农业相关的技术方面的农业管理活动）；既包括生产农副产品的直接劳动，又包括根据生产需求，进行改善农业生产条件和实现农业社会化的间接劳动。正是各种不同的劳动形式相结合，实现农业生产的丰硕成果。

2. 农业劳动实践的特点

1）农业劳动不确定性大。生物有机体受自然条件、地理位置的影响大，不同的气候、不同的土壤孕育出的农产品也不相同。因此，农业管理应该具有灵活性和自主性，因地制宜地进行合理的生产。

2）农业劳动对季节的依赖性强。农业劳动不像别的劳动活动那样忙闲由己，农业生产过程中生物有机体的生长过程是持续的，而人的劳动活动过程和生物有机体生长过程并不保持一致，劳动是中断的不连续的，不同的季节忙闲不均。为了更合理地使用农业劳动力资源，在农闲阶段合理开展非农业活动，与农业劳动相搭配。

3）农业劳动的场所广阔、分散。虽然现在有一部分农业劳动集中在室内，但是大部分农业劳动是分散在广阔的室外场地进行的，这就导致了农业劳动力和农业生产工具也是分散的，在农作物生产的各个环节，需要更先进的农业新装备解放农业劳动力。

3. 农业劳动实践的分类

农业劳动实践是指耕地、施肥、播种、插秧、采摘、收割等，按产业分类可分为种植劳动实践、养殖劳动实践、加工劳动实践。其中，种植劳动实践包括水稻田插秧、小麦玉米种植、果树嫁接移栽、花卉造型做盆景等。养殖劳动实践是指养殖畜禽、水产等，如养鸡鸭鹅、猪、牛、龙虾、鱼等。加工劳动实践是指农副土特产品的乡村作坊、乡村手工艺等的加工活动。如将稻谷碾成米，将米磨成米粉和米浆，将鲜茶加工成绿茶、红茶等初级浅加工；还有将稻谷、大米加工成酒，将米粉加工成年糕、汤圆等精深加工。

4. 生产体验

生产体验则是通过在农田中进行耕种、播种、除草、施肥、灌水、防虫、治病等生产劳动体验，获取农田生产知识，体验农民生产生活方式。例如，水稻、小麦、玉米、蔬菜、水果等的播种、移栽、除草、施肥、灌水、防虫、治病等，农田管理既是一种生产劳动，也是一种生产体验，还是一种生活方式。

3.1　实践项目1：种植技术劳动实践项目

3.1.1　概述

1. 引例

袁隆平是我国研究与培养杂交水稻的开创者，也是世界上第一位成功利用水稻杂种优势的科学家。袁老的毕生追求是"发展杂交水稻，造福世界人民"。为实现这一宏愿，他长期致力于促进杂交水稻技术创新，并将其推广至全世界。毕其一生，专注田畴，播撒智慧，收获富足。为稻粱谋，为民生计，袁老无愧侠之大者、国之仁士。

"袁隆平是一位真正的耕耘者。"这是中国科技评奖委员会的评价。"他看上去更像一个地道的湖南农民。"这是农民朋友的赞誉。他常说，"我不在家就在试验田，不在试验田，就在去试验田的路上"。人们看到的袁老，总是挽着裤腿下稻田的形象，无论播种季还是收获季。在中华人民共和国成立70周年之际，袁隆平被授予"共和国勋章"。但即便是在获得国家最高荣誉的当天，袁老还下地查看"第三代杂交水稻"制种情况，拿着水稻说："花开得好好"。成就与尊荣的背后，恰是脚踏实地的奋斗、敢为人先的创新、鞠躬尽瘁的坚守。

1964年开创杂交水稻研究，1997年开展超级杂交稻研究，2000年、2004年、2011年、2014年分别实现了大面积示范每公顷10.5t、12t、13.5t、15t的目标，2020

年实现了周年亩产稻谷3000斤（1斤=0.5千克）的攻关目标……"一粒良种，千粒好粮。"一次次重大技术创新，一条条亩产攀升曲线，让杂交水稻技术冲破了经典遗传学观点的束缚，证明这是科学，更是不断发展着的科学。

有梦想，了不起。袁老常说自己有两个梦想：一是禾下乘凉梦，二是杂交水稻覆盖全球梦。如今，水稻高产的梦想变成现实，杂交水稻也在印度、越南、菲律宾、美国、巴西等国家大面积种植。为了实现梦想，袁老和科学家们一直在努力，从未停止探索的步伐。⊖

2. 种植技术劳动实践项目的重要性

大学生通过种植一些常见的农业品种，亲身体验农业的耕耘、管理、收获，在劳动实践中体会劳动的快乐，形成正确的劳动价值观念，养成团结合作的意识，体会"足蒸暑土气，背灼炎天光""汗滴禾下土""粒粒皆辛苦"，从而更加珍惜现在的美好生活。

3. 种植技术劳动实践项目的特点

1）本项目的实施应选择在室外适宜种植农作物的场地完成，场地划分为若干份 $4m^2$ 的责任田。

2）本项目中学生应5~6人一组，每组成员合作种植一份责任田，并进行责任田的拍照和记录。

3）指导教师准备工具、种子、化肥等，可以根据需要设置实践项目负责人、技术人员、安全员，以辅助指导教师保证劳动实践课有序、安全地进行。

4）本项目适用对象是本科生，适合以班级为单位分组进行，建议总学时为18个学时，线上学习2学时，线下实践16学时。

4. 种植技术劳动实践项目的培养目标

1）掌握基本农具的使用方法。

2）了解一般农作物种植的相关知识。

3）了解科学知识的重要性，体会农业劳动中科学管理对农业对象产量提高的重要作用。

4）感受团结的力量，成功除了个人努力，更离不开团队合作的巨大能量。

3.1.2 种植技术劳动实践

1. 了解种植技术员素养，体验职业岗位职责

种植技术员是指在农业生产的种植活动中，对土壤分析、病虫害鉴别与防治、农作物栽培方法等方面提供技术支持，并且可以根据农业种植地的实际条件制订相应科学合理计划的技术人员。

⊖ 资料来源：人民日报，送别袁隆平：侠之大者，国之仁士。有改动。

农业技术员须具备如下技能：

1）有农作物种植的经历，对常见农作物的种植和管理比较精通。

2）实操过大棚温室种植，对大棚温室的设计、施工、安装精通。

3）能够熟练使用各类农作物机械产品，能分清常见的病虫害并掌握相应的防治方法。

4）能够对当季的农作物进行合理、科学地施肥。季后能够根据实际情况，在下一季的农作物规划方面做出合理的品种选择，提出合理的建议。

5）能够掌握无土栽培技术。

2. 进行岗位分工，明确岗位职责。

种植实践项目岗位职责主要包括：

1）负责指定品种在种植期间的种植、管理、收获工作，并对环境、农作物的质量进行监测，在指导教师的帮助下，实现科学、可预见的生产管理模式，并对常见的病虫害开展预防和控制。

2）农作物收获后及时地将发现的问题、解决的方法做出反馈，并对农作物品种的选择、农药的使用、肥料的配比等方面做出合理科学的规划和建议。

3）完成指导老师指定的相关其他工作。

3. 实践注意事项

农药是主要的农资产品之一，对人体有伤害，实践中应尤其注意农药的使用安全。在运输和使用农药时，应做好防护，保护好自己和他人的安全。使用农药注意事项如下：

1）要仔细完整阅读说明书，并保管好农药标签及使用说明书。

2）农药的领取、使用和存放要及时记录，切不可乱丢乱放。

3）要注意及时密封。

4）要注意防高温、防日晒。

5）要注意保持环境干燥，以免失效。

4. 按照实践岗位分工分组完成种植

在指导教师组织下，按照规定流程，分区域、分项目实施网格化管理，完成实践项目。

3.1.3 实践岗位1：盆栽樱桃萝卜种植

1. 樱桃萝卜简介

樱桃萝卜形似樱桃，外皮颜色鲜艳呈红色，瓤肉呈白色，个头不大，球形直径为2~3cm，单果重量15~20g，四季皆可出产，生长周期短，一般为30天左右，适应能力强但不抗酷热，适合生吃，口感脆嫩微辣，回味甘甜。与常见的大萝卜相比，樱桃萝卜更像是一种水果，它有较高的含水量，维生素C含量比番茄高3~4倍。它含有多种矿物质元素、芥子油、维生素、本质素等成分，有促进胃肠蠕动、增进食欲、帮助消化等作用。各种颜色的樱桃萝卜，如图3-1所示。

樱桃萝卜是较易种植的经济作物，作为大学生实践项目，若在冬季完成该实践项目，北方可在室内用盆栽，南方在室外土地完成种植。樱桃萝卜种植占地小，生长迅速，收获时间短，外形、色泽美观，对种植技术要求不高。种植最适宜温度为18~25℃（在5~28℃均可正常生长），不耐旱，整个生长过程中都需要充足的水分。

图3-1　各种颜色的樱桃萝卜

2. 种植方法和步骤

（1）活动准备　准备一个深度超过20cm的广口容器，底部要有适量的排水孔，用于栽种樱桃萝卜；准备适量的保水、排水效果好的砂质土壤，土壤应疏松透气，含水量为20%左右；准备充足的有机肥、作业用的铲子、喷壶等。

（2）选种　樱桃萝卜有不同品种、不同颜色。

选种播种注意事项：常见的栽培品种有本土的扬州水萝卜和从德国、日本等国家引进来的新型樱桃萝卜。根据口感和实际种植环境，选择萝卜的品种。播种前，注意保持种子的干燥。樱桃萝卜种子，如图3-2所示。

（3）土壤消毒　播种前要对土壤进行杀菌消毒处理。可采用草木灰与杀虫杀菌的药物混合在一起，均匀地撒在土壤中，对土壤进行杀菌消毒。

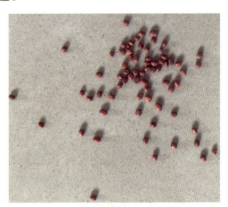

图3-2　樱桃萝卜种子

（4）播种　在容器的底部铺一层底肥，再铺上土壤。用手指在土壤里戳洞，洞的深度约为5cm，大概在食指的第二个指节处，把种子埋进去，洞与洞应相距3~4cm，相距太近，生长空间不够，后期萝卜会长歪。环境温度18~25℃，土壤保持湿润，2~3天就会发现萝卜已发芽。

（5）苗期　樱桃萝卜喜光，在幼苗期充足的光照非常重要。通常情况下，南向相对光照条件较好，适宜种植，光线不足也可以通过照射植物生长灯来解决。

5~7天后，苗陆续长出3~4片叶子，如樱桃萝卜幼苗间距太近（图3-3a），及时进行间苗⊖使幼苗间有合理的间隙（图3-3b），间苗时把瘦弱的幼苗去除，保留健壮的幼苗继续生长。

⊖　间苗又称疏苗。为使幼苗有足够的生长空间和营养面积，应及时拔除一部分幼苗，选留壮苗，使苗间空气流通、日照充足。

a) 幼苗间距太近　　　　　　　　b) 幼苗合理间苗

图 3-3　樱桃萝卜间苗

这期间如因水分过多、光照不足导致萝卜徒长，一定要将图 3-4 所示徒长的颜色发红的根茎埋起来，这是将来要长萝卜的位置，如果长时间暴露在空气中，则萝卜就不能生长。

图 3-4　樱桃萝卜徒长

（6）成长期　种子种下后的第 10 天左右，萝卜度过苗期长出真叶，这个时候日常需要多晒太阳，适量浇水。这期间容易出现黑斑病、霜霉病、菜青虫等病虫害，导致萝卜产量减少或绝收，需要经常观察及时防治。

（7）采收　第 28 天左右，当发现土壤表面有红色的圆圆的萝卜冒出来时，代表萝卜已经成熟了。成熟的樱桃萝卜要及时采收，直接将萝卜整体从土里拔出来就可以了。如果没有及时采摘，萝卜容易长过而老化、空心，口感不好。

3. 实践总结和记录

通过科学种植，收获的萝卜应该是漂亮的球形，口感清脆，水分充足。如果收获的萝卜奇形怪状，如锥形、葫芦形、条形的萝卜，主要与水、光照、间苗等有关。对收获的萝卜进行总结，归纳经验与教训，收获一批，再种一批，记录种植过程，对比不同批次成果，不断积累经验，在以后的种植过程中进行相应的改进。萝卜种植情况总结见表 3-1。

表 3-1　萝卜种植情况总结

序号	组别	分析原因
1	完美组	萝卜长成漂亮的圆球型，无徒长，萝卜之间的间隔合适。大小正好，太大会糠心，这样的小萝卜又水又脆，颜值也最高
2	长歪/长长组	播种的时候撒种过密，两个甚至两个以上的萝卜挤在一起，就会长歪，或者后继像胡萝卜
3	长歪/亚腰葫芦组	典型苗期徒长被挽救后，呈葫芦形。萝卜苗长得太长，只能用土再盖上一层，结果就是土面上、下一起发育，成为亚腰葫芦样
4	失败组	徒长太厉害的幼苗没被挽救，或者被拔出导致萝卜发育不良成细条形

3.1.4　实践岗位 2：田间玉米种植

1. 简介

目前人类常见的粮食作物包括三大类：谷类、薯类和豆类。玉米原产于中美洲和南美洲，具有很好的耐旱性、耐寒性和耐贫瘠性，能够适应多种地形、多种环境，虽然才进入我国 500 多年，但已经成为我国种植面积最大的高产粮食作物，是养殖业牲畜饲料的重要来源，也是医疗卫生、轻工、化工等行业的重要原料。

玉米按播种的时间分为春玉米和夏玉米。春玉米生长周期长，一般在 4 月末到 5 月初进行播种，秋季九十月成熟；夏玉米一般在 6 月进行播种，2~3 个月后成熟。当温度持续平稳在 12℃ 之上时，播种下去的玉米种子才能正常发芽。土壤含水量在 60%~70% 之间有益于种子发芽。

玉米的品种按用途分为饲料用品种型、菜肴用品种型、深加工品种型、爆米花专用品种型等。玉米廉价易得，在所有主食中，玉米的营养价值高，它含有丰富的维生素，是水稻和小麦的 5~10 倍，能够降血糖，提高身体免疫力等，是对人体有益的优良食物，具有广阔的开发及应用前景。

2. 玉米种植实践方法和步骤

（1）种植准备工作　室外向阳；疏松、保水性、透气性好的土壤；农药、肥料；铁耙、铁锹、锄头；玉米种子等。

1）选种。玉米品种一般要挑选生长周期适中，抗病、抗倒伏效果好，适应当地环境的高产品种。一般在播种期之前当地会推荐出优良品种。本实践项目选择的玉米品种为郑单 958。玉米种子如图 3-5 所示。

有好的品种还务必有高品质的籽粒。挑选玉米种子时要选择完整、无破损、大小均匀的种子，这样易保证玉米出苗整齐；选择活力高、净度高的种子，这样易保证养分充足、发芽率高。

2）催芽。在种植之前把种子倒入水中浸种催芽，以提高发芽率，等种子出现白色根时则催芽完成，可以播种。催芽后的玉米种子，如图3-6所示。

图 3-5 郑单 958 玉米种子

图 3-6 催芽的玉米种子

3）土地深耕。在播种之前，要对土地深耕、深翻。需要的农具有铁耙、铁锹、锄头等。

（2）播种

1）处理种子。根据当地病虫害防治经验，适量加拌农药，在使用农药时应注意安全。

2）刨坑。坑的深度应根据土壤墒情（墒情是指作物耕层土壤中含水量多寡的情况）好坏决定，在 3~6cm 之间，根据玉米的品种、当地的自然条件、地力水平、管理水平等，合理安排坑的密度，玉米常每亩（1 亩 = 667m²）约留苗 4500 株，刨坑间距要均匀。

3）撒播种子。玉米常见的播种方式是点播，每坑 2~3 粒种子，坑之间再撒 1 粒种子。

4）填埋。玉米种子入土深度控制在 10~15cm，根据土壤水分，确定填土的时间，一般随播随压，土壤过湿时，需推迟填土时间，防止土壤板结，不利于出苗。刚种好的地不要踩踏。

5）浇水。适量浇水，注意节约用水。

（3）地膜覆盖 地膜覆盖可以提升土壤温度、保温保湿隔热效果显著、留水良好。非常适合栽种生长期相对比较长的品种，地膜覆盖效果如图 3-7 所示。

（4）苗期田间管理（出苗~拔苗） 科学的田间管理是玉米高产的重要技术支撑，也

图 3-7 地膜覆盖效果

就是常说的"三分靠种,七分靠管"。玉米生长期的田间管理主要包括:苗期田间管理、穗期田间管理和花粒期田间管理。

玉米种子从出苗(图3-8)到三叶期这段时间叫作苗期,从自养过渡到异养,这时期的玉米耐旱怕涝,浇水量需要控制。去除弱苗、虫苗和病苗,保证苗齐、苗匀、苗壮和苗全。在幼苗长到2~3叶时,需要对土壤进行中耕,利于土壤微生物的活动,促进玉米根系的营养和水分的吸收和生长,图3-8所示为玉米出苗。

图3-8 玉米出苗

玉米苗期田间管理的基本方法和流程如下:

1)补全苗。出苗后要对缺苗的位置进行补苗,可以选择在原位补种和原来品种一样的玉米种子,也可以选择已经长出3~5片叶子的壮苗连根带土移栽,移栽壮苗应避开一天中最热的时候。

2)定优苗。为了培育健壮的幼苗,避免玉米苗互相遮挡阳光,减少养分、水分的浪费,要进行间苗。需要手工将病苗、弱苗全部拔出,每坑留下2颗长势良好的秧苗。

3)中耕培土,合理施肥。中耕培土是田间管理的重要环节,既可以提高土壤通透性起保水、保温的作用,又可以去除田间杂草,使幼苗根系健康生长。苗期一般进行三次中耕,在幼苗4~5片叶子时进行第一次中耕,深度为3~5cm;幼苗高为30cm左右时进行第二次中耕,深度为7~8cm,第三次中耕应在拔节前进行,深度为5~6cm。

苗期的土壤营养要跟上,因为幼苗的根系较浅,常采用喷洒叶面的方式进行根外施肥。一般施肥两次,肥料多选择磷酸钙或硝酸铵,施肥浓度小于1‰,浓度太高容易对幼苗造成伤害。

(5)穗期田间管理(中期管理) 穗期是玉米生长重要的阶段。穗期是指从拔节至抽穗这一时期,该期内玉米植株茎、叶生长旺盛,开始进行穗分化,营养生长与生殖生长同时进行。这是玉米田间管理的重要时期,通过适量施肥,按钾肥5~10公斤/亩、尿素20~25公斤/亩,促秆壮穗,只有存储在果穗中的养分充足,玉米才能结穗大、结籽多。

(6)花粒期田间管理(后期管理) 从抽雄到玉米粒成熟这段时间是玉米的花粒期。该期内的玉米叶茎都已经展开,植株也定长,进入生殖生长的阶段。田间管理重在追肥,促进灌浆,保授粉受精、保粒多粒重、防早衰。

1)及时排涝。花粒期若雨水密集,田间长时间存有积水,会导致土壤中的氧气不足,玉米容易倾倒,严重影响玉米的产量,因此应注意天气情况,必要时进行排涝。

2)去雄受粉。雄穗的呼吸作用比雌穗旺盛,消耗的养分更多,因此在授粉后的2~3天需要人工去雄。靠边、山地、小块地的玉米不能去雄。一般隔1~2行去1~2

行，合理去雄可以使玉米实现增产，但是去雄时不能带叶，否则会减产。

（7）玉米的收获

1）收获时间。地区不同播种时间不同，玉米的收获时间不同，过早或过晚地收获对玉米的产量和质量都有影响。过早则籽粒不能完全成熟，减质减重减产；过晚则籽粒自行脱落无法收回。因此需要及时观察玉米的成熟度。完熟期玉米的特征：玉米粒背面从上到下的乳线完全消失，整棵玉米剩下的绿色叶片不超过5片，这时是最佳收获的时间，我们要及时收获。完熟期的玉米如图3-9所示。

图3-9 完熟期的玉米

2）收获方式。常见的玉米收获方式有机械收获果穗、机械收获籽粒和人工收获果穗等几种。

玉米收获的时间紧，人力投入大。随着机械化程度的显著提升，目前大范围的玉米种植时，通常采用机械收获，当玉米的含水量低于30%时可以直接收获籽粒，含水量高于30%时直接收获籽粒易导致籽粒破损减产，这时适宜采用机械收获果穗。

本项目实践采用人工收获果穗方式，按0.5亩/人/小时进行收获，使用农具时注意安全，遇到问题及时报告指导教师。

（8）晾晒 在收获完时把收获的玉米带到指定地点脱壳，摊开放置在朝阳面进行晾晒，经常翻动保证晾晒均匀。

（9）储藏玉米 玉米收获后晾干到含水量14%以下才能储存，对晒干的玉米进行测量，记下整根的重量、长度和每根的粒数，如图3-10所示。晒干的玉米需要在干燥、通风、温度4~5℃的环境储存，可以采用挂式带穗储存，也可以脱粒存储，去除杂质，防止发生霉变和虫害。

种植环节先有实操老师演示，学生动手实际操作的时候，实操老师在旁进行指导，保证每个大学生都能体会到种植各个环节的劳动特色，使大学生积极参加劳动，与大自然亲密接触。

图3-10 玉米测量长度

3.1.5 实践岗位3：无籽西瓜种植

1. 无籽西瓜简介

西瓜是夏天人们最喜欢的水果之一，消暑解渴。西瓜的品种很多，目前无籽西瓜很受欢迎，它是葫芦科西瓜属植物。无籽西瓜不是没有籽，只是和普通西瓜的大黑籽比起来籽更小、颜色发白、口感软，吃起来不易感受到籽的存在。普通西瓜与无籽西瓜的籽的对比如图3-11所示。

a) 普通西瓜　　　　b) 无籽西瓜

图 3-11　普通西瓜与无籽西瓜的籽的对比

2. 方法和步骤

（1）种植无籽西瓜活动准备工作　准备一个直径1m左右的大水盆；准备充足的有机肥，作业用的铲子、手套等工具。种植西瓜要求结构疏松、排水好的沙质土壤，土壤的pH值在5~7之间。

（2）土壤处理　播种前要对土壤进行翻晒、喷洒药水，杀灭土壤里的虫卵病菌。

（3）选种子　根据当地的气候条件、环境条件等，选择合适的无籽西瓜种子，在播种前，注意保持种子的干燥。

（4）处理种子

1）晒种。对种子进行晾晒，促进种子后熟。

2）浸种。将种子放入55℃的水中搅拌15~30min，再放入30℃的水中，浸泡10h左右，之后换水反复搓洗，洗掉种子上的黏液。

3）催芽。将搓洗好的种子用打湿的纱布覆盖，置于28~30℃下进行催芽，每隔24h用温水清洗种子一次，一般3~4天后种子露白就可进行播种。

（5）播种　无籽西瓜的生长周期3个月左右，中南部地区开春后种子经催芽，种子露白后种植，北方地区需要先在温室育苗再移栽。西瓜采用穴播，要求株距0.5m左右、行距1m左右。

（6）田间管理　一般3~5天灌溉一次，发现土壤干旱及时灌溉，西瓜膨大期则灌溉水量增大，直到收瓜前7~10天停止灌溉。

1）压蔓整枝。在西瓜种植过程中，压蔓和整枝是重要的技术环节。西瓜压蔓可以充分利用土壤中的养分，有利于西瓜坐果，防止大风吹摆瓜藤损伤西瓜；整枝可以使藤叶排列整齐，减少养分消耗，减少病虫危害，调节西瓜生长和结果。压蔓和整枝的目的都是使植株健壮、提高产量。

西瓜枝蔓非常脆弱，在压蔓和整枝时，动作应十分小心，不要伤害茎叶和根系。

压蔓整枝操作方法：采用3~4蔓整枝，除主蔓外，蔓上再生的小杈都必须及时减去，以减少养分消耗，待西瓜生长差不多时可不再整枝，压蔓时不要采用抠坑暗压，否则蔓易烂，在地面平压或用条棍等变成"ヘ"型插入土中固定瓜蔓。

2）留瓜。一般选留第2~3个雌花，在离根部1~1.2m处留瓜最好，主、侧蔓留瓜均可，如果雌花开花 3 天后幼瓜发育慢、幼瓜无明显膨大、色泽暗淡、瓜柄细长没有弯，这样的瓜难以长大，应及时选留其他雌花留果。幼瓜如图 3-12 所示。

（7）收获　无籽西瓜留瓜后 32～35 天即可达到采摘程度，此时西瓜表面蜡质明显、有光泽、纹路清晰；瓜蒂部位有下陷、茸毛老化；瓜蔓有老化表现；瓜着土部位表皮呈深黄色，有老化表现。无籽西瓜八九成熟就要采收，此时瓜形端正，水分充足。采收过晚，瓜易脱水、空心、绵心，纤维组织多，品质下降，影响口感。空心西瓜如图 3-13 所示。

图 3-12　幼瓜

图 3-13　空心西瓜

3. 总结

通过科学合理的管理，收获的无籽西瓜果型漂亮，水分充足、口感甜爽。记录种植过程，对收获的西瓜做总结并进行相应的改进。

3.1.6　项目评价方法与成果

1. 完成情况评价

整个活动过程中，在保证安全的前提下，让大学生亲身体会种植技术岗位，培养大学生的观察能力、动手能力、协作能力，扩大知识储备，增强学习兴趣，锻炼大学生热爱劳动、热爱劳动人民，不怕脏和累的精神。

为了让学生体会到农业劳动的艰辛，在老师的带领下对各组的种植田展开评比，填写评价表 3-2～表 3-4，表扬考核优秀的小组。

表 3-2　学生参加樱桃萝卜种植实践活动评价表　　（　年　月　日）

活动名称	姓名 学校班级	评价形式	萝卜幼苗长势	萝卜外形	萝卜大小	改进措施
樱桃萝卜种植		自评				
		小组评				
		老师评				

注：评价采用三级分制，即优秀、良好、合格。

表 3-3　学生参加玉米种植实践活动评价表　　　（　年　月　日）

活动名称	姓名学校班级	评价形式	玉米种植难点	玉米外形	玉米质量	改进措施
玉米种植		自评				
		小组评				
		老师评				

注：评价采用三级分制，即优秀、良好、合格。

表 3-4　学生参加无籽西瓜种植实践活动评价表　　　（　年　月　日）

活动名称	姓名学校班级	评价形式	西瓜种植难点	西瓜外形	西瓜质量	改进措施
无籽西瓜种植		自评				
		小组评				
		老师评				

注：评价采用三级分制，即优秀、良好、合格。

2. 成果形式

1）每组的樱桃萝卜种植过程照片。

2）每组的玉米种植过程照片。

3）每组的无籽西瓜种植过程照片。

4）撰写一份劳动实践项目总结（改进或创新方案、体会和总结）。

3. 安全注意事项

1）在野外农田作业注意现场的不安全因素，使用劳动工具时避免划伤或割伤。

2）若有异常发生应立即停止作业，实习学生向实习指导老师报告，待问题解决后方可继续操作。

3）工作结束后在指导老师的安排下做好工具和农产品的清点、堆放。

4）作业时不要打闹追逐，大声喧哗，遵守劳动纪律。

3.2　实践项目2：养殖技术劳动实践项目

3.2.1　概述

1. 引例

刘志军，1972年6月出生，中共党员。德化黑鸡产业合作社社员，助理畜牧师。他是一位靠勤劳肯干致富起来的普通农民，更是一位舍小家为大家的养殖大户，他全身心地扑在带领群众致富的舞台上，奏响了一曲嘹亮动人的劳动者之歌。2020年11

月,刘志军获评全国劳模。

刘志军不仅是一位靠勤劳肯干致富起来的普通农民,还是全国科普惠农兴村致富带头人、第八届全国农村青年致富带头人、全国百名青年农民创业创新致富带头人……他舍小家为大家,放下自己的通信器材销售生意,用聪明的才干和对家乡的深情,全身心扑在了倾情回报乡亲、带领群众致富的舞台上,奏响了嘹亮动人的劳动者之歌。他以实际行动响应国家"精准扶贫"的号召,积极投身于精准扶贫,每一年都带动 50 多户贫困户走上了致富之路,成为福建省精准扶贫的典型之一。

一个引领农民致富的大产业、大龙头正在崛起,成为德化县农民增收致富的特色经济产业。刘志军也因此被亲切地称为"鸡司令"。刘志军表示,立足新起点,展望新征程。将进一步发挥劳模示范引领作用,加强农民技能培训,为黑鸡产业高质量发展和乡村振兴做出新贡献。㊀

2. 养殖技术劳动实践项目的重要性

1)养殖业是农业的重要组成部分,大学生参加养殖技术劳动实践,能够体会到人类与自然界通过进行物质交换才能实现充足的物质生活,知识是提高生产力的重要手段,同时需锻炼体魄、强壮身体。

2)养殖业在农业中占有举足轻重的地位。养殖业的发展对建设现代农业、促进农民增收和加快社会主义新农村建设、提高人民群众的生活水平起着十分重要的作用。养殖方式包括传统方式与现代化方式。传统养殖方式的特点:品种杂乱、不成规模、散放散养、混放混养、人畜混居、粗放经营,对养殖技术的现代化发展起到制约作用。大学生通过养殖技术劳动实践,能够对养殖业的发展提出可持续、健康发展的合理意见,能够培养解决问题的能力。

3)养殖业是应用型学科,大学生通过参与养殖龙虾环节,能够体会养殖户的艰辛,在当前国情下思考怎么做好现代农业、智慧农业,培养吃苦耐劳的精神,对以后的学习和工作有一定的帮助。

3. 养殖技术劳动实践项目的特点

1)劳动实践项目实施,需要一个 200m^2 的室外空地,划分为若干份 4m^2 的场地,学生 5~6 人一组,分组合作一份场地。

2)劳动实践老师准备铁锹、铁耙、防逃网、竹竿、锤子、钉子、直径 160mm 的 PPR 水管、弯头、虾苗、饲料、水网、适量生石灰等。工科院校大学生更要充分利用好学校现有的机床设备资源加工所需材料。项目可操作性、可推广性强。

3)可以根据需要设置实践活动负责人、技术人员、安全员,辅助老师保证劳动实践课有序、安全地进行。

4)本项目适用对象是本科生,以班级为单位分组进行,建议总学时为 16 学时,

㊀ 资料来源:泉州市总工会、德化网等综合,德化人的骄傲!刘志军,进京接受表彰!有改动。

线上 4 学时，线下实践 12 学时。

4. 养殖技术劳动实践项目的培养目标

1）体验养殖技术，锻炼不怕脏、不怕累的优良劳动品质。

2）了解养殖业职业道德的基本规范要求，培养遵守职业道德的良好行为习惯。

3）理解养殖与种植的区别，从劳动中体验快乐。

3.2.2 养殖技术劳动实践

1. 了解养殖技术员的定义和工作内容

养殖技术员包括水产养殖技术员、畜牧养殖技术员、家禽养殖技术员等，工作内容包括：

1）研究育种、繁殖、成体的科学规律，总结经验。

2）研究常见病害原因、症状，对常见病害能采用合理的防治措施。

3）研究饲料的生产和应用，在被养植物养殖过程中，能够合理选用饲料的种类和数量。

4）研究、设计、试验、制造被养殖物培育和繁殖过程所需相关的设备。

2. 根据学生养殖技术劳动实践内容，进行岗位分工，明确岗位职责

1）根据养殖生产需要，制订本养殖项目各阶段的工作计划，并及时做好总结，提出合理化建议。

2）落实各项工作布置要求，发现问题及时报告项目负责老师。

3）全程对养殖品种进行检测，做好文字、照片、视频记录等，完善生产日志记录，发现病害等问题及时报告负责老师。

4）定期对养殖场地相关情况进行检查、记录，发现问题及时报告项目负责老师。

5）准确填写药品、饲料出入库记录等相关追溯体系要求的填写工作。

6）制定并完善养殖技术操作规程。

3. 根据学生养殖技术劳动实践内容，做好卫生防疫管理

1）外来人员先做登记，消毒后才能进入养殖区。

2）养殖用具用完及时清洗。

3）养殖区的垃圾及时清理，保持环境清洁。

4）购进的养殖物经过检疫，防止病原体传入。

5）定期对养殖场进行消毒和防疫药品投放。

6）发生局部疫病时，将患病养殖物进行隔离，食料槽、饮水槽专用，每日消毒。

4. 按照养殖技术劳动实践的岗位分工，分组完成养殖劳动实践

学生养殖技术劳动项目，要按照规定流程，分组完成不同区域、不同项目的养殖内容。

3.2.3 实践岗位：小龙虾养殖

炎炎夏日，一份香喷喷的油焖小龙虾使人胃口大开。市场上、饭店里、家庭餐桌上常见的小龙虾，学名克氏原螯虾，是淡水经济虾，蛋白含量高，肉质松软味道鲜美，自引进我国后受到很多人的喜爱，越来越多的人开始养殖，淡水小龙虾如图3-14所示。

图3-14 淡水小龙虾

小龙虾养殖环境要求为：

1）池塘条件。常见的土壤分为壤土、黏土、沙土等。从保水性和是否易于龙虾打洞方面来说，要求虾塘底质以壤土、黏土为好，沙土最差。精养小龙虾池塘建设：池塘坡度以在1：(2.5～3)为好；池塘要有良好的排灌系统，进排水口都要有防敌害、防逃网罩；池塘底部有适量沉水植物；池塘布置废轮胎、网片、竹排等隐蔽物以供龙虾隐蔽栖息；按池塘面积投放增氧机。

2）水质要求。淡水小龙虾适应力强，水源以无污染的江、河、湖、库等大水体或者地下水为主。为了利于龙虾的生长，水的pH值宜在6.5～9.0，中性偏碱最优。

水中需要安装供氧设备，水溶氧在3mg/L左右，淡水小龙虾即可满足生长所需。淡水小龙虾在蜕壳、孵化、育苗期，对溶解氧的需求量明显增加，此时水溶氧须保持在5mg/L以上，保证小龙虾生长过程中的安全和健康。

水体还应避免受杀虫剂、除草剂、重金属、油、甲烷等的污染，在养殖中定期加新水，可促进小龙虾生长。

1. 小龙虾挖塘实施过程

如图3-15所示是一种挖塘设计方案：1为土埂，2为土埂与塘连接间的平台，3为塘。

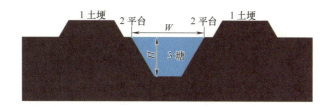

图3-15 小龙虾塘设计图

1）材料和工具准备：铁耙、铁锹、锄头、PPR水管、木头、竹桩、细铁丝、铁丝网、网布（60目）等。

2）堆土埂：高0.8～1.3m，宽2.5m以上。

3）搭建小平台：宽度1.5m左右。小平台的设计目的是防止土埂坍塌，利于地笼下放。

4）挖塘，塘深1m左右。塘宽3~5m，塘不能太窄，太窄不好挖，小龙虾产量低，很难达到合适的坡比（宽/深）。小龙虾塘如图3-16所示。

5）搭建防逃设施。小龙虾习性昼伏夜出，挖洞、攀爬能力、逆水性能较强，因此在夜间或者大雨情况下容易逃逸。需要提前安装防逃设施，除了建设防逃墙，水塘四周也要用网布、石棉瓦等进行隔离。网布、石棉瓦高

图3-16 小龙虾塘

出水面50~60cm，下方埋入土中深10~20cm，并用木头、竹桩等进行固定，细铁丝绑紧。进水口、排水口的过滤网也要用较密的铁丝网或者60目网布包裹扎紧，防止小龙虾逃逸以及外来杂鱼进入。

6）进水、排水管理。进水口放在地势高的地方。理想的出水口放在进水口对角线上，实际上不可能这么完美。排水受沟渠位置限制，但是尽量呈对角。出水口使用直径160mm的PPR水管，再大容易破损变形，再小则水流量不足。其结构如图3-17所示。

图3-17中的直节和弯头用于连接相邻的两节水管，根据水塘深度合理选择水管的长度，这样可以调节塘的水位。如暴雨季节，可以拿掉上面的部分直节与水管，让水流出一点儿，保持较低水平

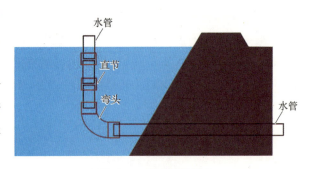

图3-17 出水管的结构

线，这样暴雨来临之际，池塘就有较大空余量装水，以免出水太慢，水位过高，有垮口危险。

2. 龙虾塘生石灰干法清塘

新开挖的虾塘一般无须用药物清塘，只需通过物理方法将塘底晾晒一段时间，然后调整水质即可放养虾苗。经过一年的养殖，池塘累积了致病菌，可能还有与龙虾争食的鲶鱼、泥鳅、乌鳢、蛇、鼠等生物，不清塘或清塘不彻底，第二年可能会面临水草涨势差、水质出问题、龙虾多疾病等问题，导致养殖产量下降或者规格变小。为了消除养殖隐患，大学生在养殖前必须清塘消毒，不仅关系到来年的养殖难度和管理方向，也关系着来年的收益。

清塘的方法很多，主要有：生石灰清塘、菊酯清塘、皂角素清塘、鱼藤酮清塘、巴豆清塘、氨水清塘、二氧化氯清塘等。最常用的是生石灰清塘，其优点：生石灰的主要成分是氧化钙，遇水产生大量的热与强碱氢氧化钙，具有杀菌作用，还可补充塘的钙物质，提高塘的总碱度，修复池底，野杂鱼灭杀较干净。其缺点：费力，费用较大。生石灰清塘分为干法清塘和带水清塘，干法清塘生石灰用量少，每亩用生石灰 50~75kg；带水清塘生石灰用量多，每亩用生石灰 125~150kg，但是下苗前不必加新水，有效防止野杂鱼和病虫害随水进入池内，防病效果比干池清塘法好。

本次劳动实践采用带水清塘，实施流程如下：

1）材料和工具准备：铁耙、铁锹、锄头、石灰、长柄水舀等。

2）在龙虾苗放养前 20~30 天，将生石灰放入木质或塑料容器中化开成石灰浆，操作人员穿防水裤下水，将石灰浆均匀地泼洒在全塘中（包括塘坡），或者将生石灰盛于箩筐，悬于船后，沉入水中，划动小船在池中来回缓行，使石灰溶浆后散入水中。

3）15 天后测试余毒，方法是在消毒后的池子中放一只 30cm×20cm 的网箱，网箱中投放 40 只龙虾小苗。如果 24h 内，网箱里的龙虾苗没有死亡也没有任何其他的不适反应，说明毒性已经全部消失，可以大量放养龙虾苗种；如果 24h 内仍然有龙虾苗死亡，说明毒性没有完全消失。这时可以采用的措施：换水 1/3~1/2，过 1~2 天再测试。

3. 龙虾塘环境整理

1）材料和工具准备。铁耙、铁锹、锄头、水草、螺蛳等。

2）种植水草可以为小龙虾提供隐蔽的休息场所和美味的食物。池塘的深度不同，选择种植的水草品种也不同，如池塘表面选择水葫芦、水花生等水草，池塘底部选择金鱼藻、伊乐藻等水草。

3）移植螺蛳。螺蛳繁殖能力强、营养丰富、外壳薄脆，小龙虾食用螺蛳可以提高成活率，加快生长发育速度。此外，螺蛳在净化水质方面作用显著。一般养殖小龙虾的池塘内活螺蛳投放密度为 $30~45g/m^2$，要定期检查密度，保持其自身生长繁殖即可。

4. 龙虾放养

放养时间一般选晴日清晨或者阴天、雨天放养小龙虾，运输虾苗的水温与池塘的水温温差在 2℃ 以内。小龙虾放养密度要合理。密度过高，易出现水质恶化、交叉感染、缺氧死亡及水草大量被夹断等情况，小龙虾发病率和死亡率大增。合理的密度是春季（2~3 月）、秋季（9~10 月）每亩水面投放规格为 2~4cm 的幼虾 3 万~4 万尾，夏季（7~8 月）一般不投放幼虾。

1）材料和工具准备：虾苗、食盐、容器、虾饵等。

2）放养前，用 2%~3% 食盐水（体积分数）浸泡虾苗 3~5min，灭杀其身体表面携带的病原菌。

3）将小龙虾种苗浸泡于池塘中，1min 后捞出，间隔 2~3min 后再浸泡于池塘中 1min，连续进行几次，确保虾苗鳃内及体表水分吸足后再放养入塘，保证成活率。

4）放养时，避免大量虾苗同时集中在一个地方放养产生应激反应，在塘周边多点分散放养。

5）第 2 天观察，捞出死亡的虾，并补充相同规格的虾苗。

6）安装检测水中含氧量、增氧设备，保证含氧量充足。

7）人工投喂，按照虾体质量的 5%每天投喂一次。小龙虾具有杂食、贪食特点，多在夜间进食，结合水质、虾发育阶段及虾摄食等情况，搭配动物性饵料，人工配制饲料粉末。

5. 龙虾捕捉

池塘岸边可能有毒蛇，注意穿高帮靴子或雨靴前往。另外，放网时，注意不要用力过猛，防止自身跌入水中。另外下大雨、打雷时不适合放网。小龙虾收获如图 3-18 所示。

图 3-18 小龙虾收获

（1）准备网具和诱饵 使用多段网捕捉小龙虾。诱饵一般选用带有腥臭味道的饵料，如龙虾饵料、开始腐烂的猪杂（猪肺、猪肚等）；烂土豆、烂红薯等根茎类食物；也可使用油菜榨过的干饼作为诱饵。

（2）选定捕捉场所 下网时，选择水浅、水草相对密集的区域，因为这些区域里龙虾密集度很高。

（3）取龙虾时防止被螯伤 龙虾都长有粗大的螯，在取捕获的龙虾时，防止被夹伤。用手拿住龙虾的触须提起。

3.2.4 项目评价方法与成果

1. 完成情况评价

学生参加龙虾养殖实践活动评价见表 3-5。

表 3-5 学生参加龙虾养殖实践活动评价　　　（　年 月 日）

活动名称	姓名 学校班级	评价形式	收获龙虾重量	收获龙虾质量	过程中难点	过程幸福指数	改进方案
龙虾养殖		自评					
		小组评					
		老师评					

注：评价采用三级分制，即优秀、良好、合格。

2. 成果形式

分组准备龙虾养殖活动的总结汇报材料（可选用 PPT 或其他直观形式），其中包括本组活动概况、活动现场难忘瞬间、活动收获、活动感悟、活动反思五项内容。

3. 安全注意事项

1）注意作业现场安全，防止被小龙虾夹伤。
2）注意作业工具的正确使用，防止意外发生。
3）如遇异常情况应立即停止作业，并向实习指导老师报告。
4）工作结束后在指导老师的安排下做好工具的清点、堆放。
5）遵守劳动纪律，不嬉笑追逐。

3.3 实践项目3：绿色园艺劳动实践项目

3.3.1 概述

1. 引例

厦门民进会员、厦门市思明区政协委员、厦门市春雨花行园艺有限公司技研室主任叶剑峰，是一位致力创新勇攀高峰的实干家。在他身上，体现了一种自强不息的创业精神和服务社会的不平凡业绩。他以身作则，率先垂范，成为企业发展的引路人。他精益求精，始终引领前沿技术。2014年，他成立"劳模创新工作室"，先后培育出上百种水培植物，研发纯中草药保健产品，栽培无季节性限制长年开花的三角梅、水管蔬菜等，取得了良好的经济和社会效益。2004年叶剑峰被福建省总工会授予"福建省五一劳动奖章"，被福建省政府评为"福建省就业再就业优秀个人"称号；2005年被厦门市政府评为"厦门市劳动模范"；2011年被全国总工会授予"全国五一劳动奖章"。

"三百六十行，行行出状元。任何一名劳动者，要想在百舸争流、千帆竞发的洪流中勇立潮头，在不进则退、不强则弱的竞争中赢得优势，在报效祖国、服务人民的人生中有所作为，就要孜孜不倦学习、勤勉奋发干事。"对于习近平总书记在庆祝"五一"国际劳动节暨表彰全国劳动模范和先进工作者大会上的讲话，叶剑峰深有感触地说，我将继续辛勤劳动，在花卉园艺方面不断创新，为美丽的厦门添砖加瓦，习近平总书记说要"以劳动托起中国梦"，这是对劳动模范乃至全中国劳动者的殷切希望，让我们用辛勤的劳动，共同缔造属于我们每一个人的中国梦。[1]

2. 绿色园艺的重要性

园艺由来已久，是众多古老艺术门类的一种，其本身的意义是绿色与艺术的结合，

---

[1] 资料来源：团结网，叶剑峰：五亩荒地中走出的全国劳模。有改动。

它将物质基础与精神生活联系起来。目前，许多城市在积极打造一些与生态绿化相关的服务，园艺是最佳载体，它不仅可以装饰居住环境，让人们缓解压力、感到快乐，还可以锻炼身体、培养情操。

绿色是大自然的底色，绿色园艺是人们借植物语言对寻求绿色大自然生活的表达。改善生态环境就是发展生产力，良好生态本身蕴含着无穷的经济价值，能够源源不断地创造综合效益，实现经济社会可持续发展。

我国人民在加快可持续发展的问题上，态度前所未有的鲜明而坚决。天更蓝、山更绿、水更清的美好画卷，已经成为中华民族心向往之的奋斗目标。培养当代大学生绿色园艺，不仅对自己的发展有所帮助，更是发展的需求。

3. 绿色园艺劳动实践项目的特点

1）本劳动实践项目在室外适宜种植园艺植物的花田完成，场地划分为若干份 $4m^2$ 的花田，5~6 人一小组，分组合作一份责任花田。

2）劳动实践老师准备工具、材料等，可以根据需要设置实践活动负责人、技术人员、安全员，辅助指导教师保证劳动实践课有序、安全地进行。

3）本项目适用对象是本科生，以班级为单位分组进行，建议总学时为 12 学时，线上 4 学时，线下实践 8 学时。

4. 绿色园艺劳动实践项目的培养目标

1）本项目通过培养大学生学习相关的园艺知识、操作流程、注意事项等，提高大学生的绿色意识、安全意识。

2）让大学生通过劳动欣赏美、感悟美，在植物栽培种植养护中感受生命积极向上的力量，尊重自然、欣赏自然、融入自然。

3）通过让绿意走入大学生生活，积极引导大学生体验园艺劳动，使大学生从中体会到幸福感和保护生态环境的责任感，从现在做起，从自我做起，把绿色发展持续发扬。

4）在整个实践项目过程中，大学生不仅要熟悉流程，更要时刻注意自身安全，在提升实践能力的前提下，更要培养不怕吃苦、团队协作和无私奉献的劳动精神，养成主动劳动、坚持劳动的好习惯。

3.3.2 绿色园艺劳动实践

1. 进行园艺技术员岗位素养培训，掌握园艺基础知识，体验园艺技术员职业岗位职责

园艺技术员是指具备从事植株栽培、繁育、技术开发与推广等工作的知识与技能，并能进行生产管理和生产经营的技术人才。

园艺技术员常用工具：枝剪、嫁接刀、喷水壶、沾塑柄泰式扎线钳、园艺锹、园林铲等。

园艺技术员工作内容：主要从事果树、蔬菜、花卉、茶等园艺作物的生产。

园艺技术员岗位职责：熟练操作园艺相关工具，掌握生物学和园艺学的基本理论、基本知识，掌握园艺场（园）的规划设计、园艺作物栽培、种质资源保护、品种选育和良种繁育、病虫害防治等方面的技能。

2. 进行岗位分工，明确岗位职责

大学生园艺技术员实践工作主要从事常见花卉的生产。

大学生园艺技术员实践岗位职责：了解并会操作园艺相关工具，了解生物学和园艺学的基本理论知识，了解园艺场所的规划设计、园艺作物栽培、种质资源保护、品种选育和良种繁育、病虫害防治等方面的知识。

3. 按照岗位分工，分组完成绿色园艺劳动实践

大学生参加绿色园艺劳动项目，按照规定流程，分组完成不同区域、不同项目的劳动实践内容。

3.3.3 实践岗位1：杜鹃花嫁接劳动实践

杜鹃花是我国南北方常见的花卉，又称映山红、小石榴，其绚烂夺目、十分艳丽，具有很高的观赏价值和经济价值，被称为"花中皇后"。杜鹃花在我国广泛运用于园林绿化、庭院观赏中，受到大众的喜爱。运用科学的繁殖技术不仅可以提高杜鹃花繁殖的成活率，降低生产成本，更可以获得优质的杜鹃花品种。可以用扦插、嫁接、压条、分株、播种五种方法进行繁殖，其中嫁接繁殖最复杂，可一砧接多穗、多品种，生长快，株形好，成活率高。项目使用工具简单，操作灵活，成果可观赏性高，可推广性强。

（1）杜鹃花养殖盆、土要求　花盆的材质不限，泥盆、陶盆、瓷盆、塑料盆等都可以。花盆大小：栽种杜鹃花幼苗的花盆大小应与幼苗的冠径一致，栽种杜鹃花中苗期的花盆大小为其冠径的3/4，成苗期杜鹃花的花盆大小为其冠径的1/2。杜鹃花养殖的盆土配制：pH值4.5~5.5、疏松、排水良好的土壤，掺入适量骨粉后搅拌均匀。

（2）杜鹃花养殖的浇水方法　杜鹃花浇水要注意水的质量，如果是自来水，需要先放敞口容器内晾晒1~2天后再用。生长期保持盆土湿润，4~6月开花期、7~8月高温季节需水量较大，9月以后至休眠期结束，气温渐凉，应少浇水。

（3）杜鹃花养殖的温度和光照要求　杜鹃花生长的适宜温度为12~25℃，对温度要求高。温度超过35℃，新发梢叶就会生长缓慢，处在半休眠状态；温度低于5℃，就可能会冻害，生长不良，很难过冬。因此，夏季需勤喷水降温、加强通风；冬季需要做好防寒防冻措施，地栽杜鹃花覆盖稻草或旧衣物保暖，盆栽杜鹃花及时搬到温暖处过冬。

如果需要它更好地生长、按期开花必须关注光照问题。春、秋、冬三季要多晒太阳，光照足才能更好地开花。夏季光照太强烈，必须要遮挡阳光，避免暴晒，否则容易被晒伤、晒死。

（4）杜鹃花养殖的施肥方法　杜鹃花的根浅、细、吸收能力弱，施肥要按照"少量多次"的原则。如果肥料过浓或追施未充分腐熟的生肥，易造成烂根、叶片枯焦以至死亡。在开花前的2～3月，应每10～15天追施1次以磷为主的液肥，促进花大花艳；在3～4月，施入同样的肥料，可使花朵大、色泽好、花瓣厚、花期长久。开花期应停止施肥，否则易落花长叶，影响观赏效果；花谢后每隔10天追1次以氮为主的肥料，促发新枝。7月下旬以后，正是杜鹃花花芽分化时期，应每隔10～15天施1次以磷为主的液肥，以促进花芽分化。冬季休眠期不需要肥料，应停止追肥。

（5）杜鹃花养殖的修剪方法　杜鹃花分枝多、密、萌发力强，一般在花后剪去过密枝、细弱枝、枯枝、病枝、残枝、交叉枝、徒长枝，以利于通风透光。因为杜鹃花的叶片多簇生于枝顶，花后抽生一段新枝并长出一簇新叶，老叶随即脱落，然后顶芽开始进行花芽分化，成为来年的花枝，因此不要去顶去尖，否则会影响第二年杜鹃花的开花数量。

杜鹃花嫁接的劳动实践方法和流程

（1）寻找合适的时间及地点　时间：5月至6月。杜鹃花喜阴湿的地方，可以放在大棚，或者不直接照射阳光的地方。

（2）准备母体　至少两年以上的独立的干枝的毛杜鹃花作为砧木，不是同一属性的不能作为砧木。

（3）选择嫁接的树枝　选择3～4cm长的要嫁接的树枝，把下面的叶子去除，留顶端几片，把底部修剪成0.5～1cm长类似于椭圆形，如铁锹一样的形状。

（4）嫁接　在毛杜鹃花当年长出的新枝2～3cm处剪断，然后再向纵深处切出一个1cm左右的口子，把第三步准备好的杜鹃花枝插入毛杜鹃花的切口，把皮层和形成层对齐后绑扎。

（5）塑料薄膜保护　杜鹃花接穗鲜嫩并带有叶片，嫁接后必须覆盖透明塑料袋包裹，把袋口紧紧扎好。袋内温度不得超过30℃，湿度应保持在80%以上，放于阴凉处。一般接穗之后一个星期，新枝如果不蔫就成功了，20天后大多可以愈合，60天后可以把袋子取掉，第二年春把带子解开。优点：成活率高，嫁接的杜鹃花颜色不同会使一株上面有好几个颜色，颜色绚烂。

在指导老师示范讲解以上各个环节时，关键环节可以让大学生动手参加实践，其他同学于旁边观看学习。等示范完成后分组操作时指导老师再具体指导。

杜鹃花养殖注意事项

1）为防止杜鹃花叶面黄化，每隔20天左右施1次0.2%的硫酸亚铁。如果叶面已经发黄，用0.2%硫酸亚铁水直接向叶面喷雾，可使叶片由黄转绿。

2）想改变杜鹃花的开花时间，可将已孕蕾的杜鹃花放于向阳处，环境温度保持在5℃以上，薄肥每间隔10～15天施一次，盆土干了浇水，并经常向叶面喷水增加湿度，杜鹃花不久后即可开花。

3）杜鹃花生长较慢，一般可每隔两年、花谢后换一次盆。换盆时需要更换培养土，培养土配比如下，腐叶土（泥炭土）：园土：河沙＝8：1：1（质量比），并加入少量50g/盆的腐熟油渣或鸡粪做底肥。

4）杜鹃花在生长期间，茎干和枝条上常易萌发不定芽，应及时将其抹去，以免扰乱株型。孕蕾后，如发现花蕾过多，应摘除多余的花蕾，每花枝仅留一个花蕾，以便集中养分，促进花大色艳。杜鹃花开后残花不易脱落，为减少养分消耗，应将残花及时摘除，促使新芽萌发。

3.3.4　实践岗位2：用混凝土制作多肉花盆劳动实践

用混凝土制作花盆，造型美观成本低廉，可以做成北欧风格、简约风格、乡村风格等多种风格。用混凝土制作花盆项目实践，可以发挥大学生的创意和想象力，做出各种让人惊叹的个性花盆。项目动手能力强，题材新颖，活动趣味性强。

混凝土用料取材方便，1袋重50kg，售价约300元，可以制作几十上百个花盆。其成本低，操作简单，对环境要求低，可推广性强。

（1）工具和原料　ABS板（混凝土模板材料）、盛混凝土的容器、混凝土搅拌棒、美工刀、钢尺、砂纸等。

（2）制作步骤

1）利用建模软件建立花盆浇筑模具，注意模具分外模板、内模板、底部。

2）利用3D打印设备，将步骤1的模型导入3D打印软件，选取合适的材料打印出花盆的模具，如图3-19所示。3D打印优点：增材制造，层层堆积材料，低成本、个性化制造，适合加工复杂的不规则结构。

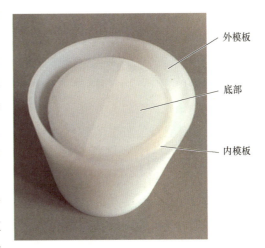

图3-19　3D打印模具

3）将雾状的润滑剂或矿物油喷到步骤2制造的模具上，这样可以让水泥花盆更容易取出来。把混凝土与清水、河沙混合搅拌成糨糊样，浇筑到模具内，混凝土充满整个模具。花盆底部的出水孔可以在3D打印时在模具上设计好位置，浇筑时直接成型，也可以等混凝土花盆脱模后，用电钻钻出水孔。浇筑时可以发挥自己的想象，在混凝土浆里加入玻璃、鹅卵石、贝壳等，使花盆更美观、有个性。浇筑完成后将它放在通风处等待混凝土凝固，花盆大小、复杂程度不同，可能需要1~2天时间完全干透，之后拆模。

4) 拆完之后需仔细打磨，先用粗砂纸打磨几遍，再用细砂纸打磨，直到混凝土面细致光滑。混凝土花盆如图 3-20 所示。

5) 种植多肉，先放多肉营养土，疏松状的土，不要压实，小心地将土填满花盆。将多肉的根稍作修剪，放到花盆中。选用好看的铺面材质，如颗粒稍微大一些的石子。这样就完成了一盆萌萌小多肉的种植。

注意事项

1) 表面质量好的小花盆，混凝土与细沙的比为 1∶2 或者 1∶1.5，水要慢慢加，搅拌成糨糊状即可。如果是制作大花盆或者外表粗糙的花盆，成分应该是水泥∶细沙∶小石子，比例 1∶2∶2。

图 3-20 混凝土花盆

2) 将调配好的混凝土倒入模具，用工具敲打模具使混凝土下沉，捣实混凝土。拆模后的混凝土并不牢固，需要放在阴凉处少量多次洒水，过 2~3 天就可以使用。

3.3.5 实践岗位 3：火龙果盆栽劳动实践

火龙果是热带、亚热带、仙人掌科水果，植株耐旱、耐 0℃低温和 40℃高温，最适宜生长温度 25~35℃、喜光，适应多种土壤，火龙果果实如图 3-21 所示。火龙果作为园艺盆栽种植，操作简单，技术要求低，推广性强。

火龙果种植前，要将附在种子上的果肉和胶质清除干净，否则发芽时易长霉菌。

（1）工具和原料　红心或白心火龙果、铁勺、容器、过滤布、更细的过滤网、石子、混凝土花盆、培养土、喷壶、铲子、保鲜膜。

（2）制作步骤

1) 取一个熟透的火龙果，用铁勺取出果肉；果肉浸泡在水中碾碎，注意不要把种子捻烂；用过滤布筛洗，去掉多余果肉；再用过滤网过滤，直到果肉与果种子完全分离；把火龙果种子晒干，如图 3-22 所示。

图 3-21 熟透的红心火龙果

2) 取容器将底部垫上石子，撒些培养土覆盖；在培养土里撒下晒干的火龙果种子，用喷壶喷洒水；将容器用保鲜膜覆盖，每隔一天喷壶对培养土洒水；3~5 天火龙果种子发芽，此时去掉覆盖容器上的保鲜膜。

3) 几周后，火龙果小苗长成，待火龙果小苗长得粗壮些，可以从容器里倒出，分开植入混凝土花盆；注意植株间距合理，等待火龙果生长，火龙果幼苗如图 3-23 所示。

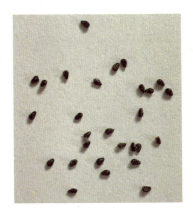

图 3-22 红心火龙果晒干的种子

图 3-23 火龙果幼苗

3.3.6 项目评价方法与成果

1. 完成情况评价

实践劳动结束后，各组填写评价表 3-6～表 3-8，指导老师对各组进行检查评比，为了让学生体会到劳动的艰辛和收获的喜悦，选取优秀小组做表扬。

表 3-6 学生参加杜鹃花嫁接实践活动评价表 （ 年 月 日）

活动名称	姓名 学校班级	评价形式	嫁接效率	嫁接质量	嫁接难点	活动幸福指数	改进方案
杜鹃花嫁接		自评					
		小组评					
		老师评					

注：评价采用三级分制，即优秀、良好、合格。

表 3-7 学生参加混凝土制作多肉花盆劳动评价表 （ 年 月 日）

活动名称	姓名 学校班级	评价形式	花盆美观度	花盆质量	制作难点	活动幸福指数	改进方案
混凝土制作多肉花盆劳动		自评					
		小组评					
		老师评					

注：评价采用三级分制，即优秀、良好、合格。

2. 成果形式

1）每组的嫁接过程照片。

2）每组的混凝土制作多肉花盆劳动过程照片。

表 3-8　学生参加火龙果盆栽劳动评价表　　（　　年　月　日）

活动名称	姓名 学校班级	评价形式	盆栽长势	盆栽造型	过程难点	活动幸福指数	改进方案
火龙果盆栽劳动		自评					
		小组评					
		老师评					

注：评价采用三级分制，即优秀、良好、合格。

3）每组的火龙果盆栽劳动过程照片。

4）撰写一份劳动实践项目总结（改进方案、体会和总结）。

3. 安全注意事项

1）穿好工作服，戴好手套，戴好口罩，禁止裸露皮肤。

2）注意劳动现场的尖硬物、农药等，避免事故发生。

3）学习劳动工具的使用方法和安全注意事项，使用工具时注意自身和他人的安全。

4）如遇异常情况应立即停止作业，并向实习指导老师报告。

5）工作结束后在指导老师的安排下做好工具的清点、堆放。

参考文献

［1］吴顺. 工匠精神：传承与创新［M］. 北京：中共党史出版社，2018.

［2］周丽妲，董晓晨. 大学生安全教育［M］. 上海：同济大学出版社，2019.

［3］何卫华，林峰. 大学生劳动教育理论与实践教程［M］. 厦门：厦门大学出版社，2019.

［4］朱华炳，李小蕴. 劳动教育：项目设计与拓展［M］. 合肥：合肥工业大学出版社，2021.

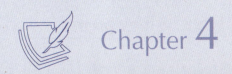

第4章　服务业劳动实践

服务业是随着商品生产和商品交换的发展，继商业之后产生的一个行业。服务业劳动实践教育是通过组织学生参加各类服务业劳动活动，培养学生利用所学知识技能，服务他人和社会，强化社会责任感。同时，学生在劳动实践项目实施中，正确理解和形成马克思主义劳动观，尊重劳动，牢固树立劳动最光荣、劳动最崇高、劳动最伟大、劳动最美丽的观念；让学生增强服务意识，勤于行动、善于关爱、乐于奉献、尽已所能，不计报酬、立足身边、帮助他人、服务社会。

1. 服务业劳动实践的定义

服务业一般是指提供服务产品的生产部门和企业的集合。服务产品与其他产业产品相比，具有非实物性、不可储存性和生产与消费同时性等特征，其发展水平是衡量生产社会化和经济市场化程度的重要标志。在我国国民经济核算过程中，将服务业视同为第三产业。社会主义服务业是以生产资料公有制为基础，以提高人民群众物质文化生活为目的，是真正为全社会服务的行业。我国虽然已经是世界贸易大国，但服务业还处在一个不断发展的阶段，当前，我国服务业的各种规章制度还不够完善，体系还不够健全，还有很大的发展空间。

2. 服务业劳动实践的特点

（1）无形性　劳务、咨询、中介、技能、娱乐、医疗、教育等形式的服务成果看不见、摸不着，具有无形性。

（2）不可存性　无形产品无法储存，生产与消费同时同地进行。

（3）耗能低　服务业需要完善的基础设施支持、需增大相应投资强度，但大多数服务业对资源消耗和环境依赖较少。

（4）相互依存　伴随技术的日新月异，服务业劳动实践与其他劳动实践既有专业分工越来越细的趋势，又有相互融合渗透的特点。

3. 服务业劳动实践的分类

当前，服务业往往被划分为生产性服务业、消费性服务业、公共性服务业和基础性服务业四大类。具体来说，服务业包括了软件和信息技术服务业，信息传输、仓储和邮政业，租赁业，科学研究和技术服务业，金融业，水利、环境和公共设施管理业，居民服务、修理和其他服务业，教育，卫生和环保，文化、体育和娱乐业，公共管理、交通运输、社会保障和社会组织，农、林、牧、渔业中的农、林、牧、渔服务业，采矿业中的开采辅助活动，制造业中的金属制品、机械和设备修理业，国际组织等。

4.1 实践项目1：食堂餐饮服务劳动实践项目

4.1.1 概述

1. 引例

杨福荣于2015年加入江西新通城餐饮管理有限责任公司，担任东湖区机关食堂店长，成为服务职工的"大管家"。深耕餐饮服务业24年，她一直不断学习，心系客户。她曾率领团队荣获"江西省工人先锋号"，个人荣获"南昌市五一劳动奖章"。她实干奋进，钻研业务，组建"精锐团队"，做好后勤保障，共抗疫情。"让大家吃得开心，就是我最大的快乐。"杨福荣用自己对工作的热爱，用心做事、细致服务，让餐饮服务更有温度，让后勤服务成为温暖职工的家。○

2. 食堂餐饮服务岗位的职责

1）健全餐厅卫生清洁制度，坚持四定（定人、定物、定时间、定质量），划清分工包干负责制度并定期检查；食堂地面保持清洁（无水、无油迹、无尘土、无垃圾）。

2）食堂服务人员要保持仪表整洁、勤洗头、洗澡、勤剪指甲，工作时间不得吸烟；食堂服务人员必须穿工作服，戴工作帽，流水洗手后上岗。

3）食堂服务人员上岗必须持有有效的健康证及卫生知识培训合格证。食堂必须坚持每天一小扫、每周一大扫、有脏随时扫；食堂餐具在每次用餐后必须进行清洗、消毒。

4）食堂内需加强灭蚊蝇措施，做到消灭蚊蝇、蟑螂、老鼠等有害动物；非食堂有关工作人员禁止进入食堂。

3. 食堂餐饮服务劳动实践项目的特点

1）食堂餐饮服务劳动实践项目具有专业化、职业化的特点，适合具有一定劳动素质的大学生完成。

2）民以食为天。食堂是学生在校学习生活的重中之重，通过此劳动实践项目的实施，让大学生在实践活动中体验劳动的辛苦，懂得劳动的光荣与崇高，理解规范性劳动的重要性。项目可操作性、可推广性强。

○ 资料来源：南昌东湖区总工会，东湖榜样｜杨福荣：让餐饮服务更有温度。有改动。

3）本项目适用对象是本科生，以班级为单位分组进行，根据任务模块分成三组，学生自行组队，依次完整地完成食堂餐饮服务劳动实践项目。

4. 食堂餐饮服务劳动实践项目的目标

1）食堂餐饮服务超越了专业课程，需要让学生了解食堂清洁的要求，掌握食堂清洁的基本技能，获取食堂操作相关安全知识。

2）让学生亲身体验劳动，使学生增强劳动技能，感受劳动光荣，引导学生自觉参与社会劳动，培养正确的劳动观念。

3）让学生体会到劳动不易，引导学生自觉维护食堂的环境卫生，锻炼学生的生活自理能力，培养学生为集体服务的社会责任感。劳动过程中，对学生就餐过程中的浪费现象进行记录和反思，增强学生的节约意识，养成学生勤俭节约的好习惯。

4.1.2 高校食堂清洁劳动实践

1. 根据高校食堂清洁劳动实践内容，进行岗位分工，明确岗位职责

高校食堂清洁劳动实践内容包括倡导文明就餐、食堂大厅清洁、公共卫生间清洁三个任务模块。

1）倡导文明就餐的劳动实践主要是提醒和监督学生遵守排队秩序、爱护食堂公物、注意公共卫生、杜绝食物浪费。

2）食堂大厅清洁的劳动实践内容包括：清扫大厅、清洁用餐桌面、擦拭大厅公共设施等。

3）公共卫生间清洁内容包括：通风换气、清扫地面、清倒垃圾、卫生间消杀等。

按照劳动实践内容分设三个岗位：文明就餐倡导员、食堂大厅保洁员、公共卫生间清扫员。

2. 对学生进行食堂清洁岗位职业素养培训，让学生牢记岗位职业道德

清洁主要负责打扫所分配区域的地面、餐桌等卫生，使就餐环境保持干净整洁，其岗位职责包括：

1）上岗时应统一着装，严格遵守上下班时间和纪律。

2）将自己负责区域内的清洁工作保质完成，服从老师安排。

3）清洁过程中，若发现相关设施发生损坏或有安全隐患、可疑迹象等，要及时上报。

4）清洁过程中应注意节约水电、洗衣粉、垃圾袋等清洁用品，爱护公共设施。

5）妥善保管作业工具，不得私自借予他人，工具使用之后应及时清洁并放到指定地点存放。

3. 针对高校食堂清洁项目的岗位分工，让学生以小组为单位讨论具体清洁要点及标准、清洁流程和规范操作，组内分配岗位角色

（1）岗位1：文明就餐倡导员

1）材料及工具准备。准备横幅、红色马甲、标语牌、电子体温计。

2）倡导要点及标准。

① 节约粮食，吃剩的饭粒菜屑不能随地乱扔。

② 文明就餐，禁止大声喧哗。

③ 保持良好就餐秩序。

3）倡导流程和规范操作。

① 在食堂周围空白墙上挂上"光盘行动""文明就餐"等横幅及提示牌。光盘行动横幅和文明就餐提示牌，如图 4-1 所示。

图 4-1　光盘行动横幅和文明就餐提示牌

② 每天早饭、午饭和晚饭期间，手举文明就餐标语牌在食堂四处巡视走动。

③ 在工作期间，劝阻插队打饭、大声喧哗、餐食浪费等不文明现象，如图 4-2 所示。

图 4-2　文明就餐倡导员维护食堂秩序

注意事项

① 倡导员要面带微笑，强化服务意识，热情接待，真诚服务。

② 礼貌、耐心地对待学生和老师，根据食堂相关规定，督促师生在食堂文明就餐。

文明就餐倡导员服务岗位检查及评分标准见表 4-1。

表 4-1　文明就餐倡导员服务岗位检查及评分标准

岗位	序号	检查内容	评分	得分	备注
文明就餐倡导员	1	精神面貌：全程微笑服务	25		
	2	服务内容：引导排队就餐、不浪费食物、不大声喧哗等	25		
	3	服务态度：礼貌、耐心地对待学生和老师	25		
	4	前期准备：食堂周围空白墙上悬挂提倡"光盘行动""文明就餐"等的横幅	25		
		合计	100		
检查人签字		项目负责人签字		日期	

（2）岗位 2：学生食堂大厅清洁

1）材料及工具准备。准备抹布、水桶、清洁毛巾、扫帚、簸箕、拖布、垃圾袋、消毒喷雾器、消毒液等。

2）清洁要点及标准。

① 门厅入口处应铺设防尘脚垫，确保脚垫无尘土积压。

② 入口区域及时清扫，确保地面无烟头、纸屑、果皮等杂物，无明显灰尘、污渍。

③ 餐厅桌面无手印和灰尘，表面光亮、无污渍。

④ 墙面要保持光亮整洁，没有灰尘；标牌、开关、厅内陈设等公共设施用毛巾擦拭至没有明显污渍。

3）保洁流程和规范操作。

① 在午餐和晚餐前，对食堂大厅进行清洁，重点清理地面垃圾、灰尘、油渍，保持地面光亮、清洁。

② 早上用拖布把食堂门口拖洗干净。先用湿拖布拖 2~3 遍台阶，再将干净的湿拖布拧干后再拖一遍，出入口的台阶每周用水冲刷一次。

③ 用湿毛巾擦拭茶几、台面、椅子及摆设等公共设施。食堂大厅清洁员清洁桌面，如图 4-3 所示。

图 4-3　食堂大厅清洁员清洁桌面

④ 用干毛巾轻擦食堂大厅内的各种不锈钢制品，包括门柱、镶字、宣传栏等。

⑤ 在师生就餐前用消毒喷雾器对食堂大厅进行消毒，如图4-4所示。

注意事项

1）为减少人们把室外的尘土带到室内，厅堂入口应铺设防尘脚垫。遇到雨、雪天气应加铺临时性的脚垫，并在厅堂入口处摆放写着"小心地滑"的告示牌。

2）针对不同材质的装饰物，应选用专门的清洁剂和保护剂，注意擦拭时不要留下划痕。

食堂大厅清洁岗位服务检查及评分标准见表4-2。

图4-4 食堂大厅消毒

表4-2 食堂大厅清洁岗位服务检查及评分标准

岗位	序号	检查内容	评分	得分	备注
食堂大厅	1	大厅地面：干净光亮，无明显油污	15		
	2	门前台阶：干净光亮，无明显积尘、无明显油污	10		
	3	食堂桌面：无垃圾，无油污、无水渍	15		
	4	信息栏：无明显积尘、无乱涂乱画及小广告	15		
	5	标识标牌：无积尘、无明显污迹	15		
	6	大厅消毒：食堂大厅四周是否消毒彻底	30		
合计			100		
检查人签字		项目负责人签字		日期	

（3）岗位3：食堂公共卫生间清洁

1）准备材料及工具。准备保洁工具箱、胶皮手套、拖布、蹲池刷、簸箕、抹布、水桶、工作服、洁厕灵、垃圾袋、芳香球、消毒喷雾器、消毒液等保洁用品。

2）清洁要点及标准。

① 冲洗便池，保持便池洁净无黄渍。

② 收集垃圾，倾倒垃圾桶。

③ 拖擦地面，地面没有水迹和污迹。

④ 清洁擦拭墙壁、隔断、门窗、洗手台，确保洁净无渍。

⑤ 在卫生间放置芳香球，保证卫生间无臭味、异味。

⑥ 用消毒液对卫生间进行消毒。

3）清洁流程和操作规范。

① 打开门窗，通风透气。

② 将卫生间里所有的垃圾桶换上干净的垃圾袋。

③ 抹布擦洗洗手盆，将洗手盆台面上的水迹擦干，如图 4-5 所示。

④ 清洁便池、蹲坑。先使用清洁剂清洁蹲坑，再用消毒液进一步清洗蹲坑及周边，不留水迹、污渍和黄迹。

⑤ 用拖把拖干地面，除去水迹和污渍，如图 4-6 所示。

图 4-5　擦拭卫生间洗手盆

图 4-6　用拖把拖干卫生间地面

⑥ 用消毒喷雾器对卫生间进行消毒。

注意事项

① 清洁和消毒工作是分不开的。虽然清洁药剂也可以起消毒的作用，但是清洁药剂不能替代消毒药水，两者更不能混合使用（注意 84 消毒液不能和洁厕灵混合使用）。

② 食堂公共卫生间清洁岗位服务检查及评分标准，见表 4-3。

表 4-3　食堂公共卫生间清洁岗位服务检查及评分标准

岗位	序号	检查内容	评分	得分	备注
餐厅卫生间	1	洗手台/盆：台面洁净无明显积水，洗手盆无明显污垢	25		
	2	小便池、蹲坑：无污物，无明显异味、无杂物	25		
	3	地面/墙面：无明显积水、污迹；瓷砖墙壁光亮无明显积尘、污迹	25		
	4	工具：摆放整齐，无乱丢乱扔现象	25		
合计			100		
检查人签字		项目负责人签字		日期	

4）项目结束。

检查人（老师或组长）对所在小组工作完成情况进行总结，点评各个岗位表现的优缺点。小组成员对所完成的实践项目进行自我评价、整改、提出完善性修改计划。小组成员间交流不同岗位的心得体会。

完成情况评价

食堂餐饮服务实践评价见表 4-4。

表 4-4 食堂餐饮服务实践评价

评价项目	自评结果 30%	互评结果 30%	师评结果 40%
劳动规范、劳动安全遵守情况 15%			
劳动态度、劳动精神 15%			
劳动项目过程评价 20%			
劳动项目完成评价 40%			
劳动实践项目执行报告 10%			

成果形式

① 每组依次完成食堂餐饮实践劳动项目的三个任务模块。

② 每组撰写一份劳动实践项目执行报告,包括保洁知识学习情况;任务组织实施、完成情况;项目总结(改进方案、体会和总结)。

4.2 实践项目 2:养老护理服务劳动实践项目

4.2.1 概述

1. 引例

买世蕊同志,中共党员,第 13 届全国人民代表大会代表,现任新乡市糖业烟酒有限责任公司董事长、总经理,曾获全国劳动模范、全国"孝亲敬老"之星、全国"百姓金口杯"奖、全国拥军模范等荣誉称号。在新乡市,"好人"买世蕊几乎家喻户晓,人们总是把她和老、弱、病、残、困难群体连接在一起。20 多年来,她在做好本职工作的同时,还积极投身社会公益事业,为人民群众办好事、办实事,在帮扶老红军、老荣军、革命伤残军人、下岗职工、孤寡老人等方面,做了连她自己也无法算得清的好事、善事。她柔弱的身体,却为别人挡风遮雨;她的收入有限,却为他人慷慨解囊。

经常有人问她,是什么力量支撑她多年坚持不懈为人民、为社会办实事、办好事,是党和人民的亲切关怀和培育,是父辈美好品格的熏陶和影响。她永远不会忘记,在她童年时,由于家境贫寒,突然生了重病的她,无钱医治,被迫辍学,在农村插队的姐姐把她接到农村,好心的大爷、大娘为她找偏方、熬药,还给她送来自己都不舍得吃的细粮和鸡蛋,为她补养身体,村医务所免费给她治病。就这样,没花一分钱,她的病得到了医治。这些刻骨铭心的关爱和亲情，深深地刻在她幼小的心里，逐渐成长起来的她，也渐渐地有一个越来越强烈的愿望：我该更多地回报党、回报人民。⊖

2. 养老护理的职业道德

1）忠于职守，热爱养老护理事业，这是最基本的养老护理职业道德。养老护理是新兴职业，尊老敬老是中华民族的优良传统，敬老爱老是几千年的社会美德。养老护理应该具备高尚的道德品质，在思想感情上视老人为亲人，才能体贴、关心老人，并在工作中认真细致、谦虚谨慎。同时也必须具有强烈的求知欲，刻苦钻研，力求在专业上精益求精，更好地为老人服务。

2）以人为本，服务第一。想老人所想，急老人所急，全心全意为老人服务是这一职业的基本要求。养老护理人员承担着照顾老人的工作，也承载着社会和老人家庭对老人的关怀，只有树立"服务第一"的思想，才能把工作落到实处，才能在平凡的岗位上做出不平凡的业绩，才能赢得信任和社会的赞誉。

3）团结友爱，尊重同行，虚心求教，勇于承担责任，开展批评与自我批评。发扬集体主义精神，团结友爱，既不孤芳自赏，也不贬低自己，既不损害他人，也不抬高自己。相互学习，共同进步。

4）遵章守法，自尊自爱。遵守国家的法律、法规，遵守社会公德，诚信、慎独、自重。自觉学习有关老年人权益保障的法律、法规，维护老年人的合法权益，热忱为老年人服务。

3. 养老护理服务劳动实践项目的特点

1）养老护理服务劳动实践项目可以利用学校周边养老院的资源和场地，培养学生敬老、爱老的社会责任感和时代使命。

2）项目实施中，让每位大学生以陪护员的身份完成养老护理岗位的工作。在实践中加强对养老护理职业的认识，了解工作的行为规范，感受养老院工作人员的大爱情怀。

3）这个项目适用对象是本科生，班长作为班级联络负责人，根据养老护理项目分组，每组选出一名组长，负责本组相关事宜。

4. 养老护理服务劳动实践项目的培养目标

1）在高校养老护理服务劳动实践项目中，让学生学会互帮互助、团结合作、共同进步。

2）不仅要锻炼学生参与劳动的能力，培养学生的合作探究能力和与人交往沟通的能力，而且要培养学生的社会责任感和团队精神。

3）项目实施中，增强学生服务他人、服务社会的意识，让学生切实体验服务性劳动以人为本的宗旨，践行劳动精神，宣传、弘扬、传承劳模精神。

⊖ 资料来源：CNTV。标题：全国助人为乐模范：候选人买世蕊事迹，有改动。

4.2.2 高校养老护理劳动实践

1. 根据高校养老护理的劳动实践内容，进行岗位分工，明确岗位职责

高校养老护理的劳动实践内容包括后勤服务、文娱活动、精彩互动三个任务模块。

① 后勤服务的实践内容主要是帮老人打扫、整理房间，为老人洗衣服，晾晒被褥床单等。

② 文娱活动的实践内容包括组织开展老人运动会，选择娱乐性较强、危险性较低的项目，如足球射门、沙包掷准、钓瓶、推铁环、保龄球和夹球等项目进行比赛，组织文艺汇演，提前准备好表演的节目，为老人们带去欢乐。倡导健康生活方式，丰富老年人精神文化生活。

③ 精彩互动实践内容包括结合所学专业及个人特长，开展互动活动。如"我教老人插花""我为老人照一张照片""我为老人画一张画""我与老人下一盘棋"等，提高双方参与度。

按照劳动实践内容分设三个岗位：后勤服务岗、文体活动岗、精彩互动岗。

2. 对学生进行养老护理职业素养培训，让学生牢记岗位职业道德

养老护理使老人感受到社会的关爱，增强学生的社会责任感，弘扬中华民族敬老爱老的传统美德。其岗位职责包括：

① 上岗时应统一着装，严格遵守上下班时间和纪律。

② 将自己负责的岗位内容保质完成，服从老师的安排。

③ 养老院活动中，若发现相关设施损坏，或有安全隐患、可疑迹象等，要及时上报。

④ 老年人多数患有心脑血管疾病，活动时避免太大响声和吵闹，防止老年人出现较大的情绪波动。

⑤ 养老院的老年人多会有孤独寂寞感，交流时面带微笑、语言亲切。

3. 针对高校养老护理项目的岗位分工，让学生以小组为单位讨论具体实践内容、流程和规范操作，组内分配岗位角色

（1）岗位1：后勤服务岗

1）材料及工具准备。红色马甲、抹布、水桶、清洁毛巾、扫帚、拖布、垃圾袋、消毒喷雾器、消毒液等。

2）养老护理服务要点及标准。后勤服务的实践内容主要是帮老人打扫、整理房间，为老人洗衣服，晾晒被褥床单等。

① 房间地面无烟头、纸屑、果皮等杂物，无明显灰尘、污渍。

② 房间床铺清理整齐，整理内务。

③ 窗户、墙面的擦拭，保持光亮整洁，没有灰尘。

3）后勤服务流程和规范操作。

① 清理房间地面,并喷洒消毒液,用沾有消毒液的毛巾擦拭玻璃、墙面及公共设施,如图 4-7 所示。

图 4-7　清理地面及公共设施

② 整理老人床褥及内务。

注意事项

① 每位后勤服务同学要面带微笑,强化服务意识,热情、真诚服务。

② 整理床褥及内务时,物品归放原处,避免将老人的生活用品损坏。

后勤服务岗位检查及评分标准,见表 4-5。

表 4-5　后勤服务岗位检查及评分标准

岗位	序号	检查内容	评分	得分	备注
后勤服务	1	精神面貌:全程微笑服务	25		
	2	清理房间地面:地面无明显灰尘、污渍	25		
	3	玻璃/墙面:光亮无明显积尘、污迹	25		
	4	内务:摆放整齐,无乱丢乱扔现象	25		
合计			100		
检查人签字		项目负责人签字		日期	

(2)岗位 2:文体活动岗

1)材料及工具准备。红色马甲、计算机、投影仪、相关舞台表演工具和相关运动器材。

2)文体活动要点及标准。

① 文娱活动题材积极向上,展现乐观且正能量的生活态度。

② 体育活动中运动幅度不宜过大,避免起哄吵闹,影响老人的身心健康。

③ 争取每个老人都参与活动,缓解他们的孤独感。

3)文体活动流程和规范操作。

① 为养老院老人进行文艺汇演。表演歌舞节目如图 4-8 所示。

图 4-8　表演歌舞节目

② 组织体育运动。趣味运动会如图 4-9 所示。

图 4-9　趣味运动会

注意事项

1）每位后勤服务同学要面带微笑，强化服务意识，热情、真诚服务。

2）文体活动中，时刻关注老人的身体、心理状况，有任何异常立刻报告老师和养老院工作人员。

文体活动岗位检查及评分标准，见表 4-6。

表 4-6　文体活动岗位检查及评分标准

岗位	序号	检查内容	评分	得分	备注
文体活动	1	精神面貌：全程微笑服务	20		
	2	文艺汇演：题材积极向上，观众喜爱	40		
	3	体育活动：避免大幅度运动，老人参与度	40		
合计			100		
检查人签字		项目负责人签字		日期	

(3) 岗位3：精彩互动岗

1）材料及工具准备。准备红色马甲、花瓶、假花、剪刀、相机、画板、画笔、象棋等。

2）精彩互动要点及标准。

① 结合专业特长，选择大多数老年人感兴趣的精彩互动活动。

② 在精彩互动中运动幅度不宜过大，避免起哄吵闹，影响老人的身心健康。

③ 争取每个老人都参与活动，缓解老人心中的孤独感。

3）精彩互动流程和规范操作。

① 开展"我教老人插花"精彩互动。教老人插花如图4-10所示。

图4-10 教老人插花

② 开展"我听老人讲故事"活动。听老人讲故事，如图4-11所示。

图4-11 听老人讲故事

③ 开展"我与老人下一盘棋"活动。与老人下棋如图4-12所示。

图4-12 与老人下棋

④ 开展"我为老人画一张画"活动。

注意事项

1）每位后勤服务同学要面带微笑，强化服务意识，热情、真诚服务。

2）在精彩互动中，时刻关注老人的身体、心理状况，有任何异常立刻报告老师和养老院工作人员。

文体活动岗位检查及评分标准，见表4-7。

表4-7 文体活动岗位检查及评分标准

岗位	序号	检查内容	评分	得分	备注
精彩互动	1	精神面貌：全程微笑服务	20		
	2	互动活动：适合老年人的休闲娱乐主题选择	40		
	3	活动效果：老人参与度	40		
		合计	100		
检查人签字		项目负责人签字		日期	

4. 项目结束

检查人（老师或组长）对所在小组的工作完成情况进行总结，点评各个岗位表现的优缺点。小组成员对所完成的实践项目进行自我评价，整改并提出完善性修改计划。小组成员间交流不同岗位的心得体会。

完成情况评价

高校养老护理实践评价见表4-8。

表4-8 高校养老护理实践评价

评价项目	自评结果（30%）	互评结果（30%）	师评结果（40%）
劳动规范、劳动安全遵守情况（15%）			
劳动态度、劳动精神（15%）			
劳动项目过程评价（20%）			
劳动项目完成评价（40%）			
劳动实践项目执行报告（10%）			

成果形式

1）每组依次完成高校养老护理劳动项目的三个任务模块。

2）每组撰写一份劳动实践项目执行报告，包括养老理论知识学习情况，任务组织实施、完成情况，项目总结（改进方案、体会和总结）。

4.3 实践项目3：汽车维修保养服务劳动实践项目

4.3.1 概述

1. 引例

1979年出生的胡小龙，个子不高，穿上蓝色工作服，一眼看上去就是个普普通通的汽车维修工。1998年8月进入内江市公共交通集团有限责任公司（原内江市公交公司）从事汽车引擎维修、CNG气瓶改装工作，胡小龙已经和汽车打了24年交道。这24年来，他肯学肯钻，熟练掌握专业技能，从维修学徒成长为CNG改装专家，多次参加区、市级技能大赛并获奖；凭借一双巧手，他扎根基层奋斗筑梦，在平凡的岗位上做出不凡业绩，生动诠释了新时代工匠精神。他勤学苦练，从学徒到CNG改装专家；他工作较真，难题面前敢立"军令状"；他有求必应，客户车辆故障他随叫随到。胡小龙扎根一线技术工人岗位，以不甘平庸的"钻劲"，默默奉献的"韧劲"，拼搏奋进的"干劲"，在平凡的岗位上书写出一段励志人生，也诠释了新时代工匠精神。㊀

2. 汽车清洗保养的作用

通过专用设备和工具，对汽车车身、内饰等部位进行清洁处理，其作用如下：

1）保持汽车外观整洁。汽车经常行驶于飞扬的尘土中，雨雪天在公路上行驶时车身表面经常黏上尘土。为使汽车外观保持清洁，必须对车身进行清洗。

2）清除大气污染的危害。大气中有许多对车身表面产生危害的污染物，尤其酸雨的危害最大，附着于车身表面时，会使漆面形成有色斑点，如不及时清洗还会造成漆层老化。轻微的酸雨可用专用去酸雨材料清除，严重的酸雨需使用专业的设备和清洗剂才能彻底清除。因此，车主应定期将汽车送到专业汽车美容店进行清洗。

3）清除车身表面顽渍。汽车车身表面经常会黏附树胶、鸟粪、虫尸、焦油、沥青等顽渍，若不及时清除就会腐蚀漆层，给护理增加难度。为此，车主要经常检查车身表面，一旦发现车身表面黏附顽渍应尽快清除；如已腐蚀漆层，须到专业汽车美容店进行处理。

3. 汽车维修保养服务劳动实践项目的特点

1）汽车维修保养劳动实践项目专业性和职业性强，适合具有一定劳动素质的大学生完成。通过此劳动实践项目的实施，让大学生在实践活动中掌握生活必备技能。

2）现代汽车制造业不断发展进步，新技术、新工艺、新材料得到广泛应用，汽车的性能和使用寿命都有了很大的提高，走入了千家万户的日常生活。汽车平时清洗保

㊀ 资料来源：内江新闻网，从汽车维修工到省人大代表胡小龙用一双巧手诠释"工匠精神"。有改动。

养、更换轮胎是日常生活必备的生活技能。

3) 本项目适用对象是本科生，以班级为单位分组进行，根据任务模块分成三组，学生自行组队，依次完整地完成汽车维修保养服务劳动实践项目。

4. 汽车维修保养服务劳动实践项目的培养目标

1) 了解汽车外部结构，熟悉汽车清洗保养的基本流程及轮胎拆卸更换方法，加深学生对汽车的了解，增强动手实践能力。

2) 培养学生的市场经济意识和创业意识，对专业知识做到学以致用、活学活用。

3) 在清洗、拆卸轮胎过程中，让学生体会劳动创造美好生活，劳动不分贵贱，热爱劳动，尊重普通劳动者，培养勤俭、奋斗、创新、奉献的劳动精神。

4.3.2 汽车维修保养劳动实践

1. 根据汽车维修保养的劳动实践内容，进行岗位分工，明确岗位职责

汽车维修保养的劳动实践内容包括汽车清洗和汽车轮胎拆卸两个任务模块。

1) 汽车清洗是指汽车外表的清洗，汽车清洗的步骤、操作方法都是汽车清洗的重要注意事项，并起到对汽车的保养作用。

2) 轮胎拆卸，需熟练使用工具，更换汽车备用轮胎。

按照劳动实践内容分设两个岗位：汽车清洗员、轮胎拆装员。

2. 对学生进行汽车保养职业素养培训，让学生牢记岗位职业道德

汽车维修保养岗主要负责汽车车身的清洗和轮胎的拆装更换，其岗位职责包括：

1) 上岗时统一着装，严格遵守上下班时间和纪律。

2) 将自己所负责的岗位工作保质完成，服从老师的安排。

3) 汽车维修保养工作的过程中，若发现相关设施损坏，或有安全隐患、可疑迹象等，要及时上报。

4) 在清洁过程中应注意节约水电，节约清洗剂等清洁用品，爱护公共设施。

5) 妥善保管作业工具，不得私自借与他人，使用工具之后应及时清洁并存放在指定地点。

3. 针对汽车维修保养项目的岗位分工，让学生以小组为单位讨论具体工作要点及标准、流程和规范操作，组内分配岗位角色

（1）岗位1：汽车清洗员

1) 准备工作。准备洗车服装、毛巾、麂皮、洗车香波、泡沫清洁剂等洗车工具和洗车用品。

2) 清理要点及标准。

① 车头、车身无浮灰积尘，无昆虫、鸟粪等杂物。

② 车窗明亮清洁，无水痕。

③ 轮胎清洗干净，无污泥灰土。

3)清理流程和规范操作。

① 学生着洗车服装,穿防滑鞋,摘下手表和戒指,以防刮伤漆面。调试高压清洗机,教师把待清洗的汽车开到洗车的停车位置并停放平稳,拉紧驻车制动器操纵杆,将发动机熄火,关好车窗和车门,车内不留人。汽车清洗着装,如图 4-13 所示。

② 正确清洗,规范使用工具,完成第一次冲洗。先调整水枪的压力,然后打开高压水枪开关,用水枪从车顶向下将粘在车身表面的泥沙冲洗掉。要按顺序进行,避免有漏掉的部位。冲洗的顺序:从车顶的门缝结合划向另一侧冲水→车侧窗、车身腰线上半部→车窗前→发动机舱盖→车灯及进气格栅→前保险杠→车前弧旋、轮胎→车身腰线下部→车后窗→行李箱盖→车后弧旋、轮胎→后保险杠→车侧窗→车身上半部→车前弧旋、轮胎→车身下部→车后弧旋、轮胎。在此过程中,学生严格按照冲洗顺序对车身进行全面冲洗,尤其轮胎部分要反复冲洗,为下一步泡沫清洗做准备,如图 4-14 所示。

图 4-13 汽车清洗着装

③ 规范使用工具,泡沫清洗,进行二次冲洗,用洗车海绵蘸洗车液清洗。将清洗液与水按说明书规定的比例混合,用洗车海绵蘸上清洗液从前向后有顺序地将车身擦一遍。打泡沫的顺序:车顶→后窗玻璃→侧窗玻璃→前风窗玻璃→发动机舱盖→车灯及进气格栅→翼子板→车身腰线上半部→行李箱盖→车尾灯→后保险杠→车身腰线下部→前保险杠。擦洗完毕待泡沫消失,再用高压水枪将车身表面的泡沫及污水冲洗干净,泡沫清洗如图 4-15 所示。

图 4-14 汽车冲洗

④ 擦车。先用专用的吸水毛巾将整个车身表面擦干处理。擦好后再用气枪将车身缝隙中的积水吹干净。特别注意的部位是门边密封条、门把手钥匙孔、后视镜、油箱盖、尾标、前照灯缝隙、行李箱钥匙孔,避免车辆行驶时水再次流出,弄脏车身。最后再用干毛巾将整个车身擦拭一遍,使车光亮。专用毛巾擦车如图 4-16 所示。

图 4-15 泡沫清洗

图 4-16 专用毛巾擦车

注意事项

1）忌使用软水以外的水清洗，包括热水、碱水和硬度较高的水。因为这些物质会损坏油漆。用硬水清洗，干燥后会在车身表面留下痕迹和薄膜。

2）忌在烈日下洗车。这样会在车身上遗留干燥的水珠痕迹，严重影响洗车后的效果。

汽车清洗服务检查及评分表，见表 4-9。

表 4-9 汽车清洗服务检查及评分表

岗位	序号	检查内容	评分	得分	备注
汽车清洗	1	汽车车身：干净光亮，无明显水痕	25		
	2	汽车车窗：明亮清洁，无水痕	25		
	3	汽车轮胎：表面光亮，无污泥灰尘	25		
	4	洗车工具：节约洗车用品，摆放整齐	25		
合计			100		
检查人签字		项目负责人签字		日期	

（2）岗位 2：轮胎拆装员

1）准备材料及工具。准备工作服和劳保用品、轮胎扳手、钩子、千斤顶一个、盒子等。

2）轮胎拆装要点及标准

① 工作前穿好劳动保护工作服。

② 检查工作场地的安全，有障碍物及时处理后再工作。

③ 拆装完轮胎，检查气门嘴是否拧紧。

④ 检查轮胎安装反正，如未按照规定安装轮胎，会极大地降低轮胎的使用寿命，并带来安全隐患。

3）轮胎拆装流程和规范操作

① 正确拆卸轮胎螺钉帽。取出钩子，用钩子钩住螺钉帽的孔隙，然后用力往外拉，将 5 个螺钉帽逐一取下，并装入盒子里，避免丢失。轮胎螺钉帽的拆卸如图 4-17 所示。

图 4-17 轮胎螺钉帽的拆卸

② 初次松动汽车轮胎螺钉。取出轮胎扳手,用专用的轮胎扳手卡在螺钉上,逆时针转动,稍微松动即可,因为轮胎在地面上好操作,无需拆卸下来。汽车轮胎螺钉的初次松动如图 4-18 所示。

③ 将需要拆卸轮胎的地方支撑起来。取出千斤顶,在车底盘的地方,找到加强筋的支撑点,再用千斤顶将车辆支撑起来,直到需要拆卸的轮胎脱离地面,注意找到的支撑点部位一定要准确,避免将底边损伤,如图 4-19 所示。

图 4-18 汽车轮胎螺钉的初次松动

④ 正确拆卸轮胎。此时,轮胎已经脱离地面,再次取出轮胎扳手,将之前松动的固定轮胎的螺钉拧下并收好,以备安装时用,如图 4-20 所示。

图 4-19 千斤顶撑起车身　　图 4-20 汽车轮胎螺钉的再次松动

随后,取下汽车的轮胎,双手各把住汽车轮胎的两边,然后往外抬,这样轮胎就与车体分离,此时注意取轮胎时慢点,避免将手弄伤,取下来的轮胎需及时收好,如图 4-21 所示。

⑤ 更换轮胎。将卸下的轮胎与备胎换位,安装备胎,调整角度,使螺栓孔对齐,

图 4-21　轮胎拆卸完成

先安装最上方螺栓。用手或用脚顶住螺栓，用套筒加力，使轮胎不能晃动。随后，将千斤顶降下轮胎至轻轻触地，用套筒扳手如图 4-22 所示，1-2-3-4-5 的顺序拧上车轮锁栓（如果是四轮轮毂，则可按照对角线顺序），切忌不要顺时针或逆时针将螺钉依次拧上，拧螺钉时最好每颗螺钉拧紧的圈数保持一致，从而保证螺钉受力均匀。

图 4-22　轮胎更换、拧紧车轮锁栓

注意事项

1）安装轮胎时，切忌按照顺时针或逆时针将螺钉依次拧上，拧螺钉时最好每颗螺钉拧紧的圈数保持一致，从而保证螺钉受力均匀。

2）成立安全联络小组，在劳动实践活动中出现任何突发情况都能做危机处理。

轮胎拆装岗位服务检查及评分表见表 4-10。

表 4-10　轮胎拆装岗位服务检查及评分表

岗位	序号	检查内容	评分	得分	备注
轮胎拆装	1	轮胎螺丝：轮胎螺丝安装是否齐全	40		
	2	车轮锁栓：是否拧紧	40		
	3	拆装工具：劳保用品及工具，摆放整齐	20		
		合计	100		
检查人签字		项目负责人签字		日期	

4. 项目结束

检查人（老师或组长）对所在小组工作完成情况进行总结，点评各个岗位表现的优缺点。小组成员对所完成的实践项目进行自我评价，整改并提出完善性修改计划。小组成员间交流不同岗位的心得体会。

完成情况评价

汽车保养护理实践评价表，见表4-11。

表4-11 汽车保养护理实践评价表

评价项目	自评结果（30%）	互评结果（30%）	师评结果（40%）
劳动规范、劳动安全遵守情况（15%）			
劳动态度、劳动精神（15%）			
劳动项目过程评价（20%）			
劳动项目完成评价（40%）			
劳动实践项目执行报告（10%）			

成果形式

1）每组依次完成汽车维修保养劳动项目的两个任务模块。

2）每组撰写一份劳动实践项目执行报告，包括汽车维修保养知识学习情况、任务组织实施、完成情况，项目总结（改进方案、体会和总结）。

4.4 实践项目4：快递分拣服务劳动实践项目

4.4.1 概述

1. 引例

"劳动最光荣，劳动最伟大。"刚参加完全国劳动模范和先进工作者表彰大会，京东物流北京鼎好配送站站长宋学文心情无比激动。他说，干一行爱一行，就是要不忘初心，时刻保持对工作的热情，在最平凡的岗位上把自己的价值发挥到极致。

入职近10年来，宋学文配送总单量超过30万件。工作以来，他一直保持零误差、无投诉、无安全事故的纪录，多次获评公司季度五星级快递员。"百分百使命必达，百分百暖心服务"，这不仅是一句口号，更是他无时无刻践行的职业准则。幸福是奋斗出来的，从普通快递小哥到配送站站长，宋学文就是完美的注释。宋学文家境不富裕，最初选择做快递，就是因为"多劳多得"。宋学文以客户为先的态度，让他多次获得"配送标兵""优秀员工"等荣誉称号。奋斗是劳动者最美的底色，在宋学文从事快递员工作的10年间，我国快递小哥从60万人猛增至400余万人，年快递包裹量从37亿件增长到预计2020年超过740亿件，快递员成为广大劳动群众的重要组成部分。尤其在疫情期间，无数的快递小哥不惧危险和疲惫，用坚守彰显了劳动者的价值。①

2. 快递服务准则

一个原则，客户永远是对的；两个提高，不断提高服务意识，不断提高服务技能；三要求，对待客户要文明礼貌，处理问题要实事求是，对待工作要热情主动；四心，接待客户热心，解答问题耐心，接受意见虚心，工作认真细心；五要，嘴巴要甜，微笑要诚，肚量要大，理由要少，行动要快；六换，用我爱心换您舒心，用我热心换您省心，用我细心换您放心，用我耐心换您安心，用我诚心换您开心，用我恒心换您同心。

3. 快递分拣服务劳动实践项目的特点

1）快递分拣服务需要大量体力劳动，这对大学生开展劳动教育实践活动提供了良好的平台。从"快递小哥"着手，从基层做起，积累快递行业的经验为以后创业做基础。

2）快递分拣项目是劳动教育课的抓手，拓展学生视野、提高劳动能力，培养勤俭、奋斗、创新、奉献的劳动精神。

3）本项目适用对象是本科生，以班级为单位分组进行，根据任务模块分成三组，学生自行组队，依次完整地完成快递分拣服务劳动实践项目。

4. 快递分拣服务劳动实践项目的培养目标

1）让学生了解服务准则、收件标准流程、收件入仓标准流程等相关知识。

2）亲身体验快递分拣劳动，增强劳动技能，养成热爱劳动的习惯，培养能劳动、能吃苦的精神。

3）让学生养成吃苦耐劳，愿到基层一线奋斗的决心，有自觉向困难做斗争的良好择业心态，毕业后会有更多的就业机会。

4.4.2 快递分拣服务劳动实践

1. 根据快递分拣服务的劳动实践内容，进行岗位分工，明确岗位职责

快递分拣的劳动实践内容包括收件准备和正确收件两个任务模块。

1）收件准备就是收件过程中用到的全部工具的准备。

2）正确收件是在接到收件通知后，能够准确无误地到收件地点进行收件。按照劳动实践内容不同，分设两个岗位：收件准备员和收件快递员。

2. 对学生进行岗位职业素养培训，让学生牢记岗位职业道德

快递分拣员主要负责准备收件工具并准确无误收件，提高工作效率，其岗位职责包括：

1）上岗时应统一着装，严格遵守上下班时间和纪律。

---

① 资料来源：《工人日报》，干一行 爱一行：追梦快递小哥成全国劳模。有改动。

2）将自己负责的工作保质完成，服从老师的安排。

3）收件准备的过程当中，若发现相关用具损坏，或有安全隐患、可疑迹象等，要及时上报。

4）妥善保管收件工具，不得私自借与他人，使用工具之后应及时消毒并放到指定的位置。

3. 针对快递分拣项目的岗位分工，让学生以小组为单位讨论具体收件要点及准备、收件流程和规范操作，组内分配岗位角色

（1）岗位1：收件准备员

1）收件员背包外层应干净，包内物品应齐全、整洁，摆放有序、便于取用。各类工具、票据整齐有序摆放是一个非常重要的要求，以小窥大，从合理性摆放可以看出一个人的素养和专业水平，如果让客户感觉到您是一个有条理的人，相信客户对您的信任感会有非常大的提高。

2）检查背包内所需用品是否齐全，包括大小胶袋、透明封箱胶纸、大头笔、圆珠笔、小刀、弹簧秤、内部服务手册、运单、贴纸、运单护套、发票（收据）、记事本、名片、宣传单等，如数量不足，应及时补领，避免影响收派件。以上物品也应保持干净、摆放有序，这样不但会加深客户对我们的信赖，也便于更好地为客户提供服务。另外，雨披、编织袋、手推车、胶皮带（捆扎用）等物品也应根据需要携带，如发票（收据）类应放入透明胶袋内，以防止遗失。

3）收件准备员上岗前，要插上手机巴枪，手机显示"是否清除数据"，按"YES"键清除，并用手机巴枪上的重启键重启。仔细检查所使用的交通工具和通信工具是否正常，如手机电量是否充足、交通工具性能、是否携带驾驶证等，以避免在工作过程中出现意外，影响到快件的及时收派。此外，收派员必须严守交通法规，确保人身和行车安全。收派员还应根据每天业务情况，准备好充足的零钱，以备客户付款时方便找钱。收件准备如图4-23所示。

图4-23 收件准备

收件准备岗位服务检查及评分表见表4-12。

表4-12 收件准备岗位服务检查及评分表

岗位	序号	检查内容	评分	得分	备注
收件准备	1	收件所需工具齐全	20		
	2	收件交通工具和通信工具正常	40		
	3	手机巴枪能够正常使用	40		
		合计	100		
检查人签字		项目负责人签字		日期	

（2）岗位2：收件快递员

按照客户指令到指定地点收取快件，将快件寄给指定收件对象的全面服务。

1）接到下单短信后，仔细核对短信内容，对于新客户应及时联系并确认其地址。再根据客户不同需要，准备纸箱等包装用品，确保收到下单短信后，能在1h内到达寄件客户处。

2）根据约定时间及路程所需时间确定出发时间，要确保到达时间比约定时间提前5~10min。到达现场时，提前5min与客户联系，采用标准服务用语通知客户即将到达，"您好，我是速运收件员×××，我大约5min后到您那儿，一会见。"

3）现场操作。①在征得客户同意后，当着客户的面打开货物包装，查验货物时要清点货物名称和数量是否与运单上填写的一致。②包装完毕后用随身携带的弹簧秤称货物的重量，告知客户最终的计费重量和实际运费。③填写运单，将填写完整的运单交客户，客户无异议时，在"寄件人签署栏"内签名确认并填写寄件日期，收件员填上自己的工号，完毕后将"寄件公司存根联"交于客户，以备查询。④通过手机巴枪上传数据后贴单、收款，并向客户道谢。

4）快件入仓。回营业部后，要把收回的每份快件（色卡等小件除外）进行复称，方可寄出，复查运单所填写的内容是否符合要求，将未完成操作的快件按规定操作完毕（包装、封箱、贴纸、做单等）。把"面单"（本司收件存根联）和快件一起交给第四组仓管人员清点，以确保一单一货、单货数量相符。

5）仓管检查。检查面单与写在货物上的运单号码是否相吻合，清点数量、核查重量、检查外包装是否牢固（有EMS字样、其他快递公司外包装或纸包装不予入库），面单填写内容是否规范，查看是否有贴错单的情况，检查或抽查运单目的地代码、大头笔标注的目的地代码是否有误。

6）将当天收到的运费上交财务，如需补开发票要及时补开好，以便及时交给客户。

收件快递岗位服务检查及评分表见表4-13。

4. 项目结束

检查人（老师或组长）对所在小组工作完成情况进行总结，点评各个岗位表现的优缺点。小组成员对所完成的实践项目进行自我评价,并整改、提出完善性修改计划。小组成员间交流不同岗位的心得体会。

表 4-13 收件快递岗位服务检查及评分表

岗位	序号	检查内容	评分	得分	备注
收件快递	1	全程微笑、礼貌服务	20		
	2	准确到达收件地点	40		
	3	快递完整、无丢失	40		
合计			100		
检查人签字		项目负责人签字		日期	

完成情况评价

1)能够及时准确地发现存在问题(30%)。

2)正确详细记录问题相关信息(20%)。

3)对检查出的问题进行归类汇总(10%)。

4)将汇总后的问题提报相关部门(10%)。

5)对提报问题进行跟踪、落实,对相应部门(人员)进行回访(30%)。

成果形式

1)每组依次完成快递分拣服务劳动项目的两个任务模块。

2)每组撰写一份劳动实践项目执行报告,包括快递分拣理论学习情况,任务组织实施、完成情况,项目总结(改进方案、体会和总结)。

参考文献

[1] 裴文波,岳海洋,潘聪聪. 高校大学生劳动教育的多维透视[J]. 学校党建与思想教育,2019(4):87-89.

[2] 吴宏政,吴暇. 新时代美好生活的"劳动价值论"[J]. 湖湘论坛,2019(5):46-52.

[3] 赵伟. 试论劳动、劳动教育和职业教育的关系[J]. 中国高教研究,2019(11):103-108.

[4] 刘春辉,刘宝军. 全程图解汽车维护保养[M]. 北京:机械工业出版社,2018.

[5] 刘春辉,刘宝军. 全程图解汽车美容[M]. 北京:机械工业出版社,2018.

[6] 吉武俊,胡勇. 汽车维护与保养[M]. 北京:机械工业出版社,2011.

[7] 夏长明. 汽车维护[M]. 北京:机械工业出版社,2011.

[8] 肖景远. 汽车维护[M]. 北京:北京理工大学出版社,2014.

[9] 李春生. 汽车使用与维护[M]. 北京:人民交通出版社,2017.

[10] 中国就业培训技术指导中心. 保洁员:基础知识[M]. 北京:中国劳动社会保障出版社,2010.

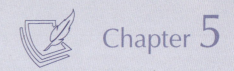

第 5 章 生活劳动实践

新时代大学生培养要求全面加强劳动教育，因为劳动教育的根本目的是人的幸福生活，回归生活本质是劳动教育的回归，从而更好地促进人的全面发展。当前，树立劳动教育与生活实践相结合的观念，可以促进大学生劳动教育向立足生活、创造生活的转变，能够拓宽劳动教育的社会实践场所，实现时时、处处、事事皆可进行劳动教育的价值。

1. 生活劳动实践的定义

生活劳动实践是指可以直接满足生活需求的劳动实践，是在具备生活条件的基础上对生活条件进行改造，并直接服务于人的劳动实践。这不仅对人的技术能力提出了要求，还要求人们具有感知、想象等方面的能力，这些结合起来，就是审美养成和创造美的能力。

2. 生活劳动实践的特点

1）生活劳动实践被接受程度好，实践过程稳定、可靠，题材广泛、易于实施。
2）生活劳动实践实施渠道宽广，强调家庭、社会、学校综合实施。
3）生活劳动实践可提高劳动者对美的认知。

3. 生活劳动实践的分类

生活劳动实践包括家庭生活劳动实践、校园生活劳动实践、社会生活劳动实践等。

家庭生活劳动实践与家庭息息相关，如打扫卫生、洗衣服、做饭等，在家庭氛围中潜移默化地形成劳动观念，这些看似细小的劳动经历无时无刻不影响着学生劳动习惯的养成。

大学生校园生活中，保护校园卫生、改善宿舍环境都是劳动的重要环节。校园生活劳动实践让大学生能更好地成长，还可以学习新的劳动技能、劳动知识，在综合素养上有更好的提升。

社会生活劳动实践是一种很好的深入社会的方式，通过亲身体验来感受社会，从而提升自我价值。在社会生活劳动实践过程中，大学生肩负了更多的社会责任，感受劳动是为社会和国家服务。

大学生通过参与家庭劳动、社会劳动、校园劳动,才能在劳动中促进自身的成长和发展,加深对社会的理解,自觉养成文明的好习惯,成为有较高文化素养和劳动技能的劳动者。

5.1 实践项目1:卫生清扫劳动实践项目

5.1.1 概述

1. 引例

蔡凤辉是天安门环境服务中心保洁班班长。工作中常常是披星戴月、风雨无阻,每天清晨她准时出现在天安门广场,带队负责天安门环境卫生。

这位来自河南驻马店的大姐,个子不高,为人和善。"虽然环卫工人是一个很普通的岗位,但我们肩上的责任重大。"当谈及自己的工作时,蔡师傅认真地说道,"尤其是在天安门广场,这里是祖国的心脏地带,我们每天最重要的任务就是保证这里一尘不染,这是一项光荣的使命。"虽然坚守在平凡的岗位,蔡师傅却全力以赴地将工作做到最好。天安门广场44万 m^2,工作7年来,她每天至少环绕广场转4圈清理卫生,一天走3万步已是家常便饭。这样算来,蔡师傅7年相当于绕赤道走了至少整整一圈!兢兢业业,一丝不苟。这是蔡师傅的领导们对她的一致评价。踏实努力、善于创新的她已获得"全国五一劳动奖章""全国巾帼建功标兵"和"北京市三八红旗手"等荣誉称号。

2018年3月,蔡师傅由于表现出色被推荐到中国劳动关系学院劳模本科班进修学习,借此圆了自己的大学梦。在这里,她白天学习《中华人民共和国劳动法》和工人运动史等课程,晚上与其他同学分享劳动感悟。"走进学校,感觉一切都很新鲜。在这里我不仅可以学到理论知识,而且遇到来自各行各业的劳动模范,和他们交流总是收获很大。"蔡师傅说。

习近平总书记在2019年新年贺词中说:"这个时候,快递小哥、环卫工人、出租车司机以及千千万万的劳动者,还在辛勤工作,我们要感谢这些美好生活的创造者、守护者。"蔡凤辉正是这些劳动者中的普通一员。平凡质朴,忠于职守,值得每个人尊敬。⊖

2. 卫生清扫劳动实践项目的重要性

大学生日常休息场所,除了家庭、寝室外,最常见的选择就是寝室。寝室保洁质

⊖ 资料来源:人民日报海外版,天安门广场上的环卫工——蔡班长。有改动。

量不仅关系到寝室形象问题，也涉及居住的舒适程度，和大学生的日常生活息息相关。寝室是我家，人人爱护它。寝室卫生清扫可以增强当代大学生的卫生意识，养成良好的寝室建设习惯，督促大家共同维护寝室环境，通过劳动使凌乱不堪的寝室变得干净整洁。整洁的地面、整齐的陈设，搭配上同学们对"小家"的精心打扮，都展现了大学生积极的生活态度及活力。

通过寝室卫生清扫实践活动，同学之间互帮互助，在团结协作中感受集体的力量，对大学校园的精神文明建设起积极推动作用。

3. 卫生清扫劳动实践项目的特点

1）可以利用各大院校现有的资源和场地，实现劳动和教育相结合。

2）让每位大学生以保洁员身份完成寝室保洁，并利用所学的专业知识改进保洁设备、工具，提高工作效率、改善工作环境。

3）寝室卫生清扫项目容易进行，对同学改善寝室环境有很大的帮助。

4）项目适用对象是本科生，以班级为单位分组进行。建议总学时为12学时，线上4学时、线下8学时。可根据需要设置实践活动负责人、技术人员、安全员，辅助老师保证劳动实践课有序、安全地进行。

4. 卫生清扫劳动实践项目的培养目标

1）培养大学生良好的卫生习惯，培养大学生正确的生活方式、生活态度、行为规范、价值理念和理想信念。

2）培养大学生的生活劳动实践能力，锻炼大学生的意志，提升大学生的生活劳动习惯。

3）培养大学生的服务意识，在保洁活动中体验职业素养。

5.1.2 宾馆保洁员劳动实践

1. 环节1——客房铺床劳动实践

（1）撤换脏布巾 按流程顺序撤掉脏床巾、枕套、被套、床单；检查布巾内是否夹带客人的物品，如果有，需要装其密封交客房管理处登记保存；检查脏布巾是否有污迹、破损，如果有，应打特殊结标记额外处理；将脏布巾折叠好放入工作小推车布袋内，并及时更换干净布巾，注意检查是否有污迹和破损。工作小推车如图5-1所示。

（2）拉床 拉住床垫靠床尾部，将床垫抬起10~20cm并向床尾方向拉出50~60cm，注意不要磕碰客房内的其他家具；检查客床的床架、床垫、床褥是否有破损，检查表面是否有发丝、脏物，有问题及时撤换、送

图5-1 工作小推车

洗，无问题推回床垫，保证四面与床架平齐，将床褥四角套在床垫上拉平整。

（3）整理床铺

1）铺床单的方法。取干净的床单，床单折叠的中线痕迹与客床正中心对齐，让床单紧贴床垫；绕床一周，在床头、床边、床尾都拉动床单，让床单平铺在床垫上；最后用床单包住床垫的四个角，床单的四个角压在床垫下，这样才能更好地固定床单，防止床单滑落。

2）套被套的方法。将被子四只角完全装进被套对应的四只角，抓住被套和被子的两个角，抖动被套和被子，开口向下，处理好被口，将被口边折进与床尾齐平，走到床头将被子拉至超出床头 10cm，双折叠后离床头 60cm、被头 35cm，两边被子下垂 30cm。

3）套枕套的方法。将枕芯装入抖平的枕头套，开口背向床头柜，置于床头中央，枕头距床头边 5cm；放靠枕，将靠枕斜放在枕头前。

4）套床巾的方法。将干净的床巾放在床尾中央，边缘于床尾平齐，均等放下，图案居中，两边均下垂 30cm。

（4）整理 注意整体效果。

客房铺床劳动实践注意事项：

1）操作要做到快、巧、准。

2）床单包角要注意角度美观，外角 90°，内角 45°。

3）被套装入被子、枕套装入枕头后要四角饱满、形状挺括。

4）床面要达到挺括美。

2. 环节2——客房清洁劳动实践

客房清洁是衡量宾馆洁净的首要标志，因此客房清洁劳动实践是学生宾馆保洁实习的重要环节，是对保洁员行业认知的重要实践，按照打分标准作业，使大学生深刻体会保洁行业的严谨、认真、专业，对劳动精神有更深刻的体会。

客房清洁劳动实践流程：劳动用具的准备—擦拭家具—擦拭门窗—清扫地面。

（1）劳动用具的准备 客房清洁常用梯子、水桶、延长杆、掸子、铲刀、大小刷子、大型吸尘器、擦地机、玻璃刮、毛巾、百洁布、竹夹子等专用保洁工具。这些工具放置在多功能清洁小车的置物架上，多功能保洁车如图 5-2 所示。

客房保洁常用化学用品：玻璃清洗剂、瓷砖清洗剂、不锈钢清洗剂、除胶剂、除渍剂、洁厕剂、不锈钢光亮剂、家私蜡、75%乙醇消毒液等。

（2）擦拭客房家具 根据材料不同客房内的家具可分为木艺家具、布艺家具、铁艺家具、玻

图 5-2 多功能保洁车

璃家具、皮革家具、藤质家具等，不同材质的家具采用不同的清洁方法，以保护家具的质量，延长家具的使用寿命。

1）除污。清洗前，先用一块干净的毛巾擦拭一遍家具，清除附在上面的灰尘和泥污。如果局部有不溶于水的污渍，可以用百洁布蘸专用清洁液擦拭。

2）湿擦拭。把毛巾浸入已经配制好清洁剂的水桶里，等到毛巾充分吸收清洁剂后，抄起拧干至不滴水，按照从上往下的顺序进行擦拭。用清洁剂清洗一遍后，再用同样的方法用清水擦拭。

3）干擦拭。湿擦拭结束后，再用干毛巾把残留在表面上的水迹擦拭干净。

4）保养。清洗干净后，定期在木艺家具、皮革家具表面涂一层保养液，这样可以增强家具的亮度。

（3）擦拭客房门窗

1）物品移动。将门窗周围的物品移开，让出清洁作业的空间，先用半湿的毛巾擦掉门窗及玻璃上的灰尘和污渍，再用干毛巾擦净水迹，直到门窗及玻璃表面明亮无水迹。

2）去除重垢。擦拭中，遇到较严重的污渍，如油漆、水渍等时，可用百洁布蘸上清洁剂擦拭，再用干毛巾擦净。

3）去除浮尘。用小刷子刷掉或吸尘器吸掉门窗沟槽和纱窗上的浮尘。

4）擦拭。沿门窗按从上往下的顺序擦拭，转角部位和把手也要擦拭，最后是窗台。

5）复位。将移开的物品按照原样复位。

（4）客房内清扫地面

1）选择清扫方法。清扫室内地面大多采用塑料扫帚，并按扫和弹扫的方法进行清扫。

2）粗捡。清扫之前，如果房间地面上有较大的垃圾，如饮料瓶、塑料袋、废纸团等可戴手套用手捡拾，也可用竹夹子捡拾。

3）清扫。先粗捡一遍，然后使用扫帚清扫，扫的时候要按扫或者弹扫，针对不同的作业面情况可使用不同的方法。

4）入桶。把清扫的垃圾、灰尘倒入指定的垃圾桶内。

5）整理。清扫完毕自检，达到无水迹、无污迹、无废弃物、无尘；整理好清扫工具，并放回清洁间。

3. 环节3——客房消毒劳动实践

由于现代社会的发展，对于环境的消毒要求日益严格，大学生要学习消毒相关知识并进行实践，由于宾馆人流量大、环境复杂，不仅需要对餐具等公共用品进行日常消毒，对客房的定期消毒也是非常必要的。客房是大学生消毒劳动实践的重要场所。

（1）客房内消毒

1）识别消毒物体表面。宾馆的公共区域表面如：地面、电梯、走廊等需用拖把拖擦后进行喷洒消毒；经常使用或触摸的物体表面，如门窗、柜台、桌椅、门把手、水龙头等部位需用抹布擦拭后喷洒消毒；垃圾站房、垃圾桶等需要进行喷洒消毒，清洁工具和用品要浸泡消毒后使用。

2）做好防护措施。消毒液应在通风良好的场所配制，要穿工作服、戴口罩与橡胶手套等防护用品，避免消毒液与皮肤、黏膜直接接触，一旦接触应立即用大量清水冲净；清洗与消毒时要求同上；工作完毕，脱去的防护用品应立即放入密封袋内，并进行手部清洗消毒；使用后的个人防护用品应消毒清洗后方可复用。

3）稀释消毒液。需要根据被消毒物品、周围环境、灭菌等级的要求确定稀释消毒液的比例。

4）擦拭或喷洒。消毒作业方法主要有两种，一是将消毒液直接倒在清洁抹布上，擦拭作业面，遵循表面擦拭的操作要领和抹布的使用方法；二是用喷壶装取消毒液喷洒在被消毒物体表面。

(2) 客房卫生间清洗消毒　卫生间清洗和消毒作业一般同步进行。

1）配制洁厕剂。洁厕剂按照 1∶5 的比例稀释并存储在 500mL 的塑料瓶中，佩戴好橡胶手套等防护用品，避免皮肤触摸或者呼吸道吸入消毒药剂。

2）工作指示牌。在卫生间进行清洁消毒工作时需要在门口放置醒目的清洁工作指示牌，并开窗通风换气。

操作先后顺序：马桶、小便池、洗手池、墙壁、地面、角落等。

3）马桶、小便池清洗、消毒。放水冲洗干净马桶内壁；在小便池、马桶的内外壁喷洒配比好的洁厕剂，同时用刷子刷除污垢后用水冲洗干净；将洁厕剂倒在抹布上擦拭马桶坐垫、盖板后再用水冲洗干净；用干抹布擦干马桶坐垫、盖板；将消毒液倒在湿抹布上擦拭马桶坐垫、盖板；用消毒好的干净抹布再次擦干马桶坐垫、盖板。

4）洗手池清洗消毒。用水冲洗洗手池等的内外壁，将配比好的洁厕剂倒在抹布上，先擦拭池内壁，后擦拭池外壁，必要时用刷子刷，除去污垢后用清水冲洗；用干抹布擦干洗手池的内外壁；将消毒液倒在清洁抹布上，先擦拭洗手池内壁，再擦拭池外壁，或者使用喷壶将消毒液均匀地喷洒在洗手池内外壁；用消好毒的干净抹布再次擦干洗手池的内外壁。

5）卫生间墙壁、地面、角落等的清洗消毒。用拖把、刷子蘸取配比好的洁厕剂拖刷卫生间的墙面、地面、角落等，并用清水冲洗干净，用干抹布擦干；将消毒液倒在清洁抹布上，按照"由上到下、由里到外"的原则进行擦拭，或者使用喷壶将消毒液均匀喷洒于卫生间的墙面、地面、角落等；用消好毒的干净抹布擦干。

6）检查。自检无污渍污迹、洁净光亮。

7）整理现场。消毒完成后收拾现场，整理工具，清洁洗手池、浴盆、马桶、墙壁等的抹布应该分开存放。

8）工具消毒。所用工具用完后必须消毒处理再存放。

9）防止污染。擦拭、拖擦或者喷洒用的消毒工具也应该进行消毒，防止二次污染。

完成情况评价

1）劳动实践时，掌握保洁员职业道德、职业规范和工具使用安全操作章程的程度评价（40%）。

2）过程评价（共40%）。

3）填写宾馆保洁完成情况评价表，见表5-1。

4）清洁过程中，遇到老师设置的突发问题，应变处理的能力评价（10%）。

5）实践创新，针对项目改进清洁产品、清洁工具、清洁方法（10%）。

表5-1 宾馆保洁完成情况评价表

操作步骤	满分	要求及评分标准	分值	得分
仪容仪表	5	工服整洁干净	1	
		发型规范	1	
		举止得体	1	
		使用规范用语自我介绍	1	
		遵守仪容仪表修饰标准	1	
准备工作	5	检查工作车上可用品及工具是否齐全	1	
		清扫工具放置在工作车上	1	
敲门流程		按照敲门程序	1	
		在工作报表中记录进房时间，插上取电卡	1	
		工作车内侧朝向客房，用工车堵在门口	1	
巡视检查	5	打开所有照明灯具，检查是否完好有效	1	
		巡视检查房间设施设备是否完好	1	
开窗通风		将窗帘全部打开	1	
		打开窗户通风	1	
撤餐具		餐具放在工作车或者工作间内及时通知餐厅来收	1	
清理垃圾	10	清理烟缸内的烟头	2	
		收拾垃圾桶内垃圾	2	
		把可回收用品分类存放	2	
清理布草		换下床单、被罩、枕套、放入布草车内	2	
		拿取干净的规格相同的布草补入房间	2	
铺床	20	按照铺床流程（铺床之前关闭窗户）	20	
清洁卫生间	20	按照卫生间清洁流程	20	
擦尘	15	按顺序使用规定的抹布从上到下环形擦尘	3	
		用干抹布擦拭各类电器、灯具	3	
		检查、擦拭壁纸上的污迹	3	
核对电视		调整电视及机顶盒（查看机顶盒是否处于关闭状态）	3	
		电视机音量调到适中	3	

（续）

操作步骤	满分	要求及评分标准	分值	得分
补充客用品	15	按照规定数量和摆放标准补足各种客用品	3	
清洁地面		从里往外清洁吸尘（不要吸大块垃圾）	3	
检查整体房间		检查房间全部打扫清洁	3	
		物品摆放齐全和标准	3	
		无遗留物品	3	
离开房间	5	清洁用品放回车内	1	
		行李灯、床头灯为开启状态，其余全部关闭	1	
		再次确认房间物品是否完备、卫生清洁有无遗漏	1	
		确保房门关闭	1	
		填写工作报表	1	

成果形式

1）每组保洁一间客房。

2）撰写一份劳动实践项目执行报告，包括清洁用品、工具的选择准备，清洁方案，项目总结（改进方案、体会和总结）。

安全注意事项（针对该类劳动实践活动是否有专门的安全标示需要认知）

1）在实践时避开作业现场的尖硬物，避免划伤。注意垃圾桶里是否有未熄灭的烟头，如果有则要及时熄灭，以防火灾发生。

2）使用清洁药水时，要戴好手套和口罩。

3）在进行 2m 以下举高擦拭时，可使用伸缩杆工具操作，在进行超过 2m 高度作业时，要使用接杆并做好安全防范。

4）正确使用清洁剂，详细查看说明书或标签上的说明和危险标志，注意安全防护措施。

5）如遇异常情况应立即停止作业，并向实习指导老师报告。

6）实践结束后，在指导老师的安排下做好保洁工具和产品的清点、堆放工作。

5.2 实践项目2：中式烹饪与食材准备劳动实践项目

5.2.1 概述

1. 引例

"全国劳动模范""河北省突出贡献技师""北京2022年冬奥会和冬残奥会张家口赛区餐饮业务领域储备人才"，39岁的刘明伟，现就职于邢台市马凯餐饮有限公司，他从普通农民工做起，依靠自己的勤奋努力，以及对事业的执着追求，不断提升进步，成长为一线高技能人才。

刘明伟无私奉献、甘为人梯。他把自己的高超烹饪技艺毫无保留地传授给身边的同事，通过手把手教学，先后培养出高级烹调师 8 名、中级烹调师 25 名。

在管理工作中，他敢为人先。2015 年，他在邢台市率先引入厨房"5S 管理法"，通过定位图标和原料细分大幅提升菜品质量和卫生管理水平。2018 年，他又率先导入厨房 4D 现场管理模式，建立食品安全"四个到位"管理法，为企业食品安全管理建立长期数字化考核系统，并编写"4D 管理手册"，开展内部培训。

此外，作为一名烹饪大师，他积极开展饮食文化普及推广活动，成为当地饮食文化形象大使和推广志愿者。在做好本职工作的同时，他经常组织社会公益性烹饪技艺培训。多年来，他累计开设 29 期"为爱做道菜"免费培训课程，培训 3000 余人，大大提高了广大群众的厨艺水平。㊀

2. 中式烹饪的重要性

"烹"即煮，"饪"是指熟。中式烹饪是指运用煎、炒、烹、炸、熘、爆、煸、蒸、烧、煮等中国传统烹调技法，根据成菜要求，对食物原料、辅料、调料合理选择、加工、调配、加热、调味，使之成为色香味俱全、营养兼备、有利吸收、益人壮体的中式饭食菜品，包括调味熟食，也包括调制生食。中式烹调在漫长的历史长河中，与不同民族的智慧与文化相碰撞、融合，使中式菜肴具有了鲜明的民族特征、不同的地域特色和风格迥异的风味流派。

中式烹饪的特点：原料丰富，取材广泛；主材严谨，配料巧妙；刀法精湛，用火讲究；盛器独特，借鉴创新。

四方食事，不过一碗人间烟火。中式烹饪之所以能够成为一种技术、一门艺术、一种文化，是因为它在人类生活中具有如下意义和作用：

1）为人类提供富含营养的膳食，满足人类饮食生活中的物质需求。
2）提供健康安全的膳食，保证饮食卫生。
3）提供色、形、味兼美的膳食，形成独特的饮食审美文化。
4）创造、发展饮食文化，推进人类文明建设。

3. 中式烹饪与食材准备劳动实践项目的特点

1）利用各大院校现有的资源和场地，劳动和教育相结合。
2）中式烹饪用料广博，制作方法多种多样，项目容易运行。
3）项目适用对象是本科生，以班级为单位分组进行。建议总学时为 8 学时，线上 4 学时、线下 4 学时。可以根据需要设置实践活动负责人、技术人员、安全员，辅助老师保证劳动实践课有序、安全地进行。

㊀ 资料来源：河北共产党员网，【中国梦·劳动美】刘明伟：从"烹饪大师"到"全国劳模"。有改动。

4. 中式烹饪与食材准备劳动实践项目的培养目标

当一盘盘、一碗碗亲手制作的美食呈现在我们眼前时，便定格成永恒的记忆。这是快乐、有趣的劳动，更是咫尺碗筷间亲情的慰藉。希望通过这次实践活动，使大学生能够：

1）实践烹饪，体验生活之美。学习之余需要放松，美食舒缓人的身心。红而饱满的番茄、翠绿欲滴的莴笋……人间有味是清欢，亦是红尘。大学生在美食中体验生活的温度。

2）实践烹饪，感受勤劳之美。实践烹饪，从挑选蔬果到调料的配比，再到火候的掌握都是劳动体验。在认真筹备中体验劳动之趣，在展示中感受勤劳之美。

3）实践烹饪，收获成长之美。"锄禾日当午，汗滴禾下土""一粥一饭当思来之不易"，通过动手实践学会爱家、收获责任、感受坚守、体会成长，受益良多。

4）利用工科背景，在劳动实践中努力学习不断创新中式烹饪。

5.2.2 馄饨制作劳动实践

还记得小时候包馄饨，妈妈常念的儿歌吗？

擀擀皮，和和馅，

捏捏馄饨跺三下，

馄饨香，馄饨大，

放到锅里煮一煮，

煮一煮，翻一翻，

翻一翻，翻两翻，

翻两翻，捞起馄饨晾一晾，

晾一晾，尝尝馄饨香不香。

馄饨是我国的传统美食，源于北方地区。馄饨一词的由来，一种说法是古代人认为它是密封的，没有七窍，所以称为"浑沌"。依据我国造字的规则，后来才称为"馄饨"。初时，馄饨与水饺并无区别。唐朝起正式区分了馄饨与水饺的称呼。

馄饨起初用于祭祀，每逢冬至店肆停业，各家包馄饨祭拜祖先，祭毕全家长幼分食祭品馄饨。馄饨发展到现代，除了被称作馄饨，不同地域它们还有不同的名号。广东人称它云吞，湖北人称它包面，江西人称它清汤，四川人称它抄手。搭配不同的包法、馅料和配料，馄饨可以演变出千姿百态的鲜香美味，遍布全国各地，深受人们喜爱。大学生参加制作馄饨劳动实践，是中式烹饪与食材准备的重要环节，也是对中华传统饮食文化的一种传承与发扬。

全班同学分小组，每个小组 7~8 人，制作两种口味的馄饨：西葫芦虾皮鸡蛋馄饨、韭菜鲜肉馄饨。

劳动实践流程：物资准备—馄饨皮、馄饨馅制作—包馄饨—煮馄饨—评比。

1. 物资准备

1）7~8名学生一组，按每组面粉1000g，猪肉500g，韭菜250g，西葫芦500g，鸡蛋5个，虾皮100g，小葱、紫菜、食用油、盐、生抽、胡椒粉、五香粉、蚝油、白糖、醋、红油辣椒等适量。事先列好物品清单，从食堂领取，如果食堂没有，由学生代表到超市采购。凡是需要清洗的食材，一律在食堂内清洗干净后再运到制作馄饨的场所。

2）每组盆2个，擀面杖2个，面板1个，菜板1个，汤锅1个，锅盖1个，锅勺1个，菜刀1把，电磁炉1个，保鲜膜、一次性餐具、一次性手套适量。

3）摄影、摄像器材。

4）活动必需的个人防护物资（口罩、手套、酒精、创可贴等）。

2. 制作馄饨面团

一般使用30℃以下的水调和高筋面粉成面团，因为水的温度较低，面粉在低温下不会膨胀糊化，因此形成的面团韧性强、拉力大、结实呆板，又称"死面"。冷水和面制作的面皮的特点是成品色泽较白，吃起来爽口有筋性，不容易破皮，适合水煮和烙的品种，如面条、水饺、春卷等。

1）将1000g面粉倒入和面盆中，加20g盐，少量多次加入400~450ml水，加水的量一定要控制好，用小勺慢慢加水，边加水边揉面团，揉面要干净利索，最终达到三光"面团光、面盆光、手上光"的效果。

2）用锅盖盖上面团静置大约30min，进行醒面。面醒好后，继续揉面。

3）将面团粘上少许面，正反面都粘上些面，准备开始擀饼。

4）用擀面杖将面饼擀大一点儿，平铺在面板上面。

5）用刀将薄面饼切成一小块一小块的馄饨皮。

6）将切好的馄饨皮再擀一遍。

7）馄饨皮就制作好了，制作馄饨皮的步骤，如图5-3所示。

图5-3 制作馄饨皮的步骤

3. 调制西葫芦虾皮鸡蛋馅

原料是烹饪的物质基础。传统的烹饪原料鸡肉、鸭肉、鱼肉、猪肉、牛肉、羊肉等，是我国历代厨师因地取材、巧妙配料的结果，在人们心目中留下了深深的印象。现代社会很多新型食材拓展了人类的食物结构，科技的发展也为中式烹饪提供了更多元、更稳定的食材保障。同学们可以巧妙、合理、科学、经济、大胆地使用，可以创造新的中式风味菜肴。调制西葫芦虾皮鸡蛋馅如图 5-4 所示。

图 5-4 调制西葫芦虾皮鸡蛋馅

1）将西葫芦洗净、去皮、切碎装盆。西葫芦水分大，可以加适量盐使西葫芦出水，用纱布裹紧西葫芦碎，挤干水分，这样包馄饨的时候不容易破皮。

2）鸡蛋打散，加一点五香粉、盐，搅拌均匀。炒锅烧热倒入适量的食用油，倒入蛋液快速划炒，鸡蛋成型后用锅铲尽量铲碎后装盘晾凉。

3）西葫芦碎中倒入鸡蛋碎和虾皮，加入 2 勺蚝油、1 勺生抽、1 勺食用油、1 勺盐，再加入少量胡椒粉、五香粉搅拌均匀。

4. 调制韭菜鲜肉馅

荤素各一半的馄饨馅口感较好，调制韭菜鲜肉馅具体如下：

(1) 剁肉　制作肉馅的方法很多，简单介绍一种快速剁肉馅的方法。

1）准备一块清洗干净的肉，一般肥肉 3 分、瘦肉 7 分或肥肉 4 分、瘦肉 6 分。若是肉馅中瘦肉太多，吃起来口感很柴；若是肥肉太多又很油腻，影响食欲。

开始斜切，大概斜 45°，薄厚在 0.5cm 即可，能切再薄一点儿的话最佳。注意刀法要切透，但是不要切断，要留一点点，如图 5-5a 所示。

2）把上面切好的肉块，直接翻过来，底朝天。继续按照 45°斜切。同样是切透，但是不要切断。如果实在不好掌握，就不要切到底，稍微留一点也没事，如图 5-5b 所示。

3）把上面切好的肉，再重新翻过来，这时候比较碎了，翻的时候小心一点儿。然后开始垂直切，就像平时切菜那样，垂直切下去，同样不要切断。这次切完以后，能明显看到都是一些小碎肉了，如图 5-5c 所示。

4）把上面切好的肉块，小心地翻过来。还是垂直切下去，这是最后一次了，要彻底切断。切完以后，就会发现，变成很细碎的肉丁了，如图 5-5d 所示。

5）剩下的就简单了，用刀背和刀刃再剁几分钟，肉馅就这样剁好了，如图 5-5e 所示。

(2) 调和　韭菜洗净后切碎，剁好的肉馅和韭菜混合，除了要放些生抽、香油、五香粉、胡椒粉等，加入适量蚝油，既能提高馄饨馅的鲜味，又助于锁住馅的水分，

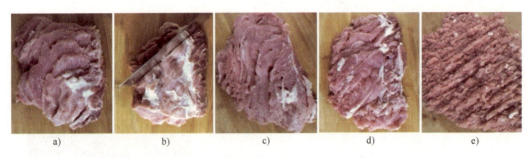

图 5-5 剁肉馅

调出的馅料更易成型,做出的肉馅会黏糯成团。拌馅时向同一方向多次搅拌,少量多次加入姜、葱、花椒水,不仅可以去腥,还能增加肉馅的软滑感,口感更好。调制韭菜鲜肉馅如图 5-6 所示。

5. 包馄饨

北方元宝馄饨包法如图 5-7 所示,具体步骤为:

1) 取一张馄饨皮平放于手心,用筷子夹取适量的馅放在馄饨皮中间稍靠下的位置,如图 5-7a 所示。

2) 将馄饨皮的一边往上卷,卷到馄饨皮约 1/2 处,如图 5-7b 所示。

3) 再往里卷一次,卷到馄饨皮的 3/4 处,如图 5-7c 所示。

4) 将馄饨皮的两个角叠加在一起,捏紧,如图 5-7d 所示。

四川抄手包法如图 5-8 所示,具体步骤为:

1) 取一张馄饨皮平放于手心,用筷子夹取适量的馅放在馄饨皮的中央,如图 5-8a 所示。

图 5-6 调制韭菜鲜肉馅

图 5-7 北方元宝馄饨包法

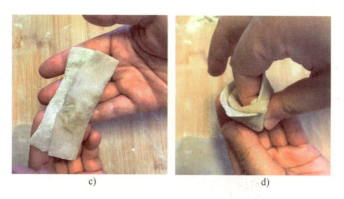

图 5-7 北方元宝馄饨包法（续）

2）将馄饨皮沿对角线对折，并将边角捏紧，如图 5-8b 所示。

3）用中指勾压肉馅处，如图 5-8c 所示。

4）顺势将两个角叠加捏紧，如图 5-8d 所示。

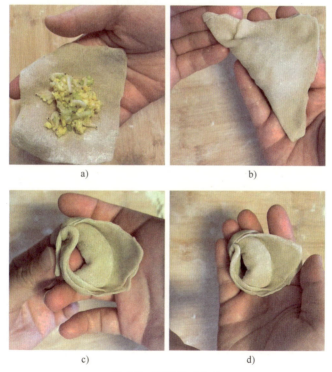

图 5-8 四川抄手包法

6. 煮馄饨

煮馄饨，如图 5-9 所示，具体步骤为：

1）准备虾皮、紫菜、香葱。

2）锅中放入适量的清水，水开后放馄饨，等水再次沸腾后转小火，煮至馄饨皮透亮。

3）锅里放虾皮、紫菜、香葱、盐、香油搅拌均匀即可关火，香喷喷的馄饨就完成了。

图 5-9　煮馄饨

完成情况评价

劳动完成后，师生共同品尝馄饨，品尝结束后，在老师的带领下对各组进行检查评比。为了让学生体会劳动的艰辛和收获的喜悦，对评价最好的小组做表扬。中式烹饪与食材准备劳动实践项目活动评价表见表 5-2。

表 5-2　中式烹饪与食材准备劳动实践项目活动评价表

担任职务			
分工			
评价项目	评价主体		
	自我评价	组长评价	老师评价
卫生安全			
操作规范			
团队合作			
完成情况			
创新改进			
改进措施			

注：活动评价表的填写可为等级评价形式。其中，A：优秀；B：良好；C：合格；D：不合格。

成果形式

1）每组实物作品馄饨照片。

2）同学们分组制作包馄饨活动的总结汇报材料（可选用 PPT 或其他直观的形式），包括本组活动概况、活动现场难忘瞬间、活动收获、活动感悟、活动反思五项内容。

安全注意事项（针对该类劳动实践活动是否有专门的安全标示需要认知）
1）节约用水。
2）在操作中注意用电安全，使用刀具时注意不要误伤自己和他人。
3）不要浪费粮食和蔬菜。

5.3 实践项目3：大学生课外兴趣劳动实践项目

5.3.1 概述

如今的大学逐渐往多元化发展，大学校园生活更加开放和丰富多彩，校园不仅是莘莘学子求知上进的场所，也是提升品位、陶冶情操的地方。丰富多元的大学生课外兴趣实践，不仅达到审美、教育功能的和谐统一，更增进大学生对中华传统文化的了解和认同。

1. 引例

为了疏导学生心理，促进学生身心健康，培养学生认识美、体验美、感受美、欣赏美和创造美的能力，一场场"成长辅导沉浸式体验活动"正在各个大学校园展开。

手工DIY高手同学作为志愿者、化身"花艺师"，现场教同学们制作黏土花束。"你看，我这个向日葵更好看，送给你！"在熟悉了黏土花束的制作工艺后，心灵手巧的同学们开始自己构思，制作五彩缤纷的"鲜花"，一时间百花齐放，美不胜收。

"自己想，自己做，自己体验，让我的校园生活富有乐趣和创意，并且很有成就感。"这是参与活动的同学心声。

同学们通过参加黏土花束、剪纸风采、游梦书画、醉情蜡染、魅力汉服等各种工DIY活动，切实促进应对挫折、解决矛盾、化解危机，实现稳定的心理成长，实现大学美育的目的。

2. 大学生课外兴趣劳动实践项目的重要性

课外兴趣劳动实践是学生生活的重要组成部分，也是影响学生成长的重要因素。它在鼓励大学生展现个性并增进团队精神、促使大学生逐步改变"被动式"学习方式、培养大学生实事求是的科学精神、提高其实践创新能力等方面发挥着不可或缺的作用。学校教育中，组织好学生的课外活动，同时也是全面贯彻教育方针和全面提高教育质量的一项重要任务。

3. 大学生课外兴趣劳动实践项目的特点

1）利用各大院校现有的资源和场地，劳动与教育相结合。
2）项目种类多，趣味性、实用性、可操作性、可推广性强。
3）项目适用对象是本科生，以班级为单位分组进行。建议总学时为12学时，线上 4 学时、线下 8 学时。可以根据需要设置实践活动负责人、技术人员、安全员,辅助老师保证劳动实践课有序、安全地进行。

4. 大学生课外兴趣劳动实践项目的培养目标

1)继承并发扬民族艺术,增强大学生的民族自豪感。

2)发展大学生的人际沟通能力,拓宽视野,激发大学生的动手创作欲望,锻炼大学生的动手操作能力。

3)通过兴趣实践调动大学生感受美、欣赏美、分享美的兴趣,点燃大学生追求艺术的激情,培养大学生在劳动中创造艺术之美。

4)通过兴趣实践,培养大学生统观全局的意识和独立思考的能力;培养大学生健康健全的心理;培养大学生"永不服输,奋斗不止"的坚强品质;培养大学生的人文素养和审美意识;培养大学生的实践能力和创新精神。

5.3.2 手工制作劳动实践

1. 劳动实践案例 1:手工制作中国结劳动实践

(1)环节 1——如意结劳动实践 我国绳结文化源远流长、博大精深,有着深厚的历史底蕴与时代积淀,是国家、民族的一笔宝贵财富。作为新时代的大学生,参加课外兴趣实践,既可以继承与发扬优秀传统文化,弘扬民族精神,又能注入现代社会的新鲜活力,做到继承传统、推陈出新、面向世界、博采众长,体会传统底蕴,彰显时代活力,发展中华民族文化新篇章。

如意结形状像灵芝,是我国古老绳结,代表吉祥如意、平安如意,几乎能与各种绳结搭配使用,应用广泛,如图 5-10 所示。

如意结编织材料:700cm 的 5 号线一条、大头针若干、包裹棉布的海绵垫一块。

如意结由四个酢浆草结组合而成。酢浆草结形如酢浆草,双耳如蝶,也被叫作中式蝴蝶结。酢浆草结也是中国结的基本结之一,结形美观易搭配,寓意吉祥幸福长,在中国结的编制中有着广泛的应用。

1)编第一个酢浆草结,如图 5-11 所示。

① 首先取 50cm 5 号线一条,大概取中间位置,按照图 5-11a 的走线方向做第一耳,为了方便操作,用大头针将绳结固定在海绵垫上,如图 5-11a 所示。

② 按照图 5-11b 中的箭头方向,注意挑线压线的关系,做第二耳,用大头针固定,如图 5-11b 所示。

③ 按照图 5-11c 中的箭头方向,注意挑线压线的关系,做第三耳,用大头针固定,

图 5-10 如意结

如图 5-11c 所示。

④ 边拉紧三个耳部分，边取下大头针，调整耳的大小，即可完成，如图 5-11d 所示。

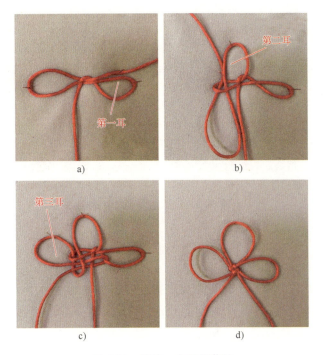

图 5-11　编第一个酢浆草结

2）两边各再编一个酢浆草结，三个酢浆草结间隔 6cm 左右，用大头针固定摆放形状，如图 5-12 所示。

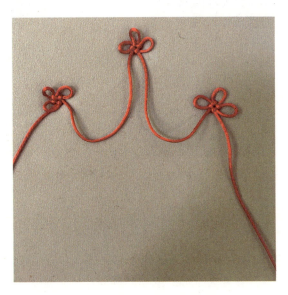

图 5-12　编第二、第三个酢浆草结

3）编第四个酢浆草结（图 5-13a），边去掉大头针边抽线整理造型（图 5-13b），如意结完成。

图 5-13 编第四个酢浆草结

大学生可以利用现有材料，将如意结组合变化，形成完整的中国结。

（2）环节 2——完整中国结劳动实践

1）再编第五个酢浆草结，抽绳调整形状，如图 5-14 所示。

2）选择合适的绳头、流苏，或者自己编制绳头、流苏，编上合适的绳结过渡连接绳头，完成中国结制作，如图 5-15 所示。

图 5-14 编第五个酢浆草结　　图 5-15 完成

3）剪掉线头，一个完整的中国结制造完成。

可以发挥自己的想象力和动手能力，完成自己的作品。

2. 劳动实践案例 2：双层小屋手工制作劳动实践

（1）材料准备　准备长度为 93mm 的雪糕棒若干、长度为 114mm 的雪糕棒若干、长度为 140mm 的雪糕棒若干、彩色雪糕棒若干、直径 5mm 的圆木棒 4 根、1m 长的带小灯线圈 1 条、酒精和胶水各两瓶。

(2) 制作底板

1) 将 24 根长为 114mm 的雪糕棒并排平铺整齐（图 5-16a），共拼两排，且并排摆好（图 15-16b）。

2) 在 4 根长为 140mm 的雪糕棒上涂上胶水，将两排 114mm 雪糕棒粘在一起。

3) 在拼好的底板上再粘铺 7 根长 114mm 的雪糕棒（图 5-16c）。

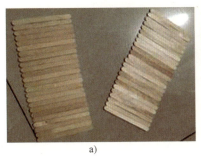 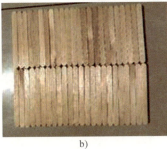 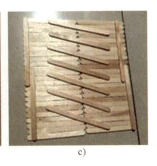

a)　　　　　　　　　　　b)　　　　　　　　　　　c)

图 5-16　制作底板

(3) 制作一层小屋

1) 将 32 根长为 140mm 的雪糕棒均分两排平铺整齐，将其中排用 4 根涂胶的雪糕棒连接。将另一排第 4、5 根雪糕棒中间裁剪出 20mm×20mm 的正方形开口，将第 9~12 根雪糕棒裁剪出 40mm×100mm 的矩形开口，再用 4 根涂胶雪糕棒将其连接（图 5-17a）。

2) 将 16 根长为 114mm 的雪糕棒平铺整齐，用 4 根涂胶雪糕棒将其连接。

3) 将 12 根长为 114mm 的雪糕棒平铺整齐，用两根涂胶雪糕棒将其连接（图 5-17b）。

4) 将 12 根长为 114mm 的雪糕棒平铺整齐，在第 4~8 根雪糕棒中间剪出 50mm×50mm 的开口，用两根涂胶雪糕棒将其连接（图 5-17c）。

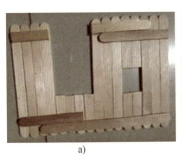  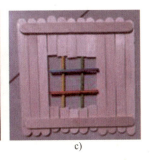

a)　　　　　　　　　　　b)　　　　　　　　　　　c)

图 5-17　制作一层小屋的各部分

(4) 制作梯子以及组合小屋与底板

1) 将两根长为 140mm 的雪糕棒裁剪 1/5，再用截断部分将两根粘合在一起，制作两个梯子。

2）将4根长为114mm的雪糕棒对半剪断,并将它们粘在一起,在四角粘上半径为5mm的圆木棒。

3）将刚制作的各组件组合在一起,与底板进行粘合,再将梯子组合上去,如图5-18所示。

图 5-18　制作梯子,组合小屋与底板

（5）两层小屋的制作

1）将8根长为93mm的雪糕棒平铺整齐,用一根涂胶雪糕棒将其粘合,共制作两个。

2）将10根长为93mm的雪糕棒平铺整齐,用两根涂胶雪糕棒将其粘合（图5-19a）。

3）将10根长为93mm的雪糕棒平铺整齐,在第4~7根雪糕棒上裁剪60mm。

4）将7根彩色雪糕棒平铺整齐,用两根涂胶雪糕棒将其粘合,共制作两个（图5-19b）。

5）将两个由8根雪糕棒制作的侧板上半段剪成两个三角形。

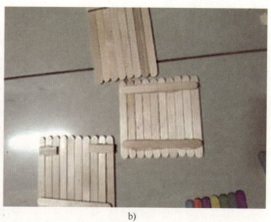

a)　　　　　　　　　　　　b)

图 5-19　制作两层小屋的各部分

(6) 制作栅栏　制作栅栏并组合已有部分，如图 5-20 所示。

(7) 添加小灯　添加小灯便可在夜间看到小屋的美景，如图 5-21 所示。

图 5-20　小屋各部分组合

图 5-21　添加小灯

完成情况评价

学生课外兴趣实践项目活动评价见表 5-3。

表 5-3　学生课外兴趣实践项目活动评价

担任职务			
责任分工			
评价项目	评价主体		
	自我评价	组长评价	老师评价
劳动意识			
吃苦耐劳			
团队合作			
沟通协调			
责任担当			
改进措施			

注：活动评价表的填写可为等级评价形式。其中，A：优秀；B：良好；C：合格；D：不合格。

成果形式

1) 每组拍摄兴趣实践项目成品照片。

2) 撰写一份课外兴趣劳动实践项目执行报告，包括材料、工具的选择准备，方案，项目总结（改进方案、体会和总结）。

安全注意事项

1) 注意使用工具安全。

2）如遇异常应立即停止操作，并向实习指导老师报告。

3）工作结束后在指导老师的安排下做好材料、工具的清点、保养、消毒和收纳，并做好场地清洁。

5.4 实践项目4：生活家具维修服务劳动实践项目

5.4.1 概述

1. 引例

翟筛红，"木工状元"，两次走进人民大会堂领奖，获评"全国劳动模范""全国五一劳动奖章"等多项国家级荣誉，当选中国海员建设工会兼职副主席，受到党和国家最高领导人的亲切接见。

1995年，翟筛红刚来中建五局时，社会上一些木工做门，门缝间隙3～4mm都没人管，但中建五局规定门缝只能在2.5mm之内，超出这个范围则不合格。

这件事对翟筛红触动很大，从那时起，他始终遵循着"毫米级"的标准。无论自己的岗位是施工员、技术员、安全员还是生产经理、项目总工，他始终要求精益求精，把做木工活的那份细致带到每一项工作，坚持做到极致。

在湖南宁乡县的三一重工项目，现场吊顶安装平整度误差1公分（1cm），翟筛红要求工人返工面积达上千平方米。在郑州华南城项目，翟筛红发现商铺门头进展很慢，一天只能做4～5m^2，严重影响工程进度。翟筛红督导时，工人们还不服气，对翟筛红说："你比我做得好，那你来做！"翟筛红二话不说拿起工具就做，不到一个小时完成一个，比工人们用的时间少了一半，工人们心服口服，再也不敢敷衍了事。按翟筛红教的方法，施工工期减少了一半，确保了工程履约。2013年，翟筛红当选共青团中央"我的中国梦——青春励志人物"。2014年，翟筛红当选为中国建筑最美职工。2015年，翟筛红荣获"全国劳动模范"称号，在人民大会堂，他受到了习近平总书记等国家领导人的接见。

在翟筛红的带动下，业界明星班组——"翟筛红班组"出现了，这个班组先后培养出200多名木工技术人才，这些人才中有些已成为中建五局或装饰公司的技术能手和中坚力量，不少人进入重要生产管理岗位。随着技术进步与创新，翟筛红与同事们也在不断探索技术创新。2015年5月，中建五局装饰公司成立"翟筛红劳模创新工作室"，将劳模领跑与团队创新、劳动竞赛、项目施工结合起来，把劳模精神、工匠精神融入创新与生产活动中。⊖

⊖ 资料来源：中国建筑网，"木工状元""全国劳模""全国五一劳动奖章"获得者、中国海员建设工会兼职副主席翟筛红。有改动。

2. 生活家具维修的重要性

人们生活中许多生活家具在使用过程中会损坏，常常会出现各种各样的问题，所以人们对于这些生活家具就需要进行维修。维修是对已坏家具进行修理，生活中的家具损坏是很正常的。家具常常会因为使用环境、外力等各种原因而损坏，所以人们会对家具进行维修，让家具能够继续工作。

3. 生活家具维修服务劳动实践项目的特点

1）工具简单、内容丰富、操作灵活等。

2）学生在本项目动手实践过程中，要求手、脑灵活配合，有较强的立体感，此项目可以有效锻炼大学生的动作协调性、推理和判断能力。

3）通过了解中国古代建筑中榫卯结构的特点和艺术，引领大学生感悟古代劳动人民的聪明智慧；将"克勤于邦，克俭于家""静以修身，俭以养德"的中华传统美德融入劳动课程，鼓励大学生将传承美德内化于心、外化于行。

4）项目适用对象为本科生，以班级为单位分组进行。建议总学时为16学时，线上8学时、线下8学时。可以根据需要设置实践活动负责人、技术人员、安全员，辅助老师保证劳动实践课有序、安全地进行。

4. 生活家具维修服务劳动实践项目的培养目标

1）通过实践项目，培养大学生在集体劳动中规范执行、遵章守纪、安全生产和团结互助的劳动素质。

2）通过实践项目，让大学生体验生产过程，增强产品质量意识，体验普通劳动的伟大。

5.4.2 木工劳动实践

1. 劳动实践案例1：木作鲁班锁劳动实践

（1）准备工具和材料　准备木工操作常用的工具有美工刀、木工刨刀、木工锉刀、木工砂纸、手工凿、手工锯。另外，木工操作需要量具进行测量。

本次劳动实践材料准备长×宽×高为100mm×20mm×20mm的松木条，如图5-22所示，每人3根，编号1、2、3。

图5-22　长×宽×高为100mm×20mm×20mm的松木条

（2）测量画线　拿起任意一根松木条，如图5-22所示，用钢直尺和铅笔画线，将松木条划分成2个长×宽×高为40mm×20mm×20mm的长方体和8个长×宽×高为20mm×20mm×20mm的正方体，需注意要正确测量精准画线，在每个面画出田字格，并将画好的正方体按图示顺序从1到8进行标号，数字写在松木条上，如图5-23所示，其余两根松木条同样操作。

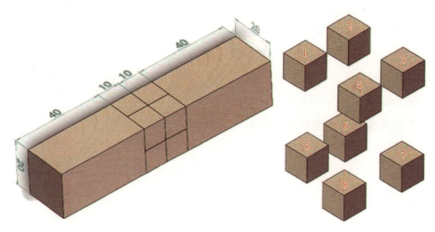

图 5-23　画线并标号

编号 1、3 的松木条，正方体只保留 5、6，其余需要去掉的正方体表面涂黑，编号 2 的松木条，正方体只保留 2、5、6、8，其余需去掉的正方体表面涂黑，如图 5-24 所示。

（3）锯切　使用木工锯或者美工刀，按画线将多余涂黑的正方体去除，加工时注意安全，按尺寸线进行切削，多削容易造成尺寸过大，装配时会松动，最终裁出的表面要光滑平齐。编号 1、2、3 的松木块锯削品，如图 5-25 所示。

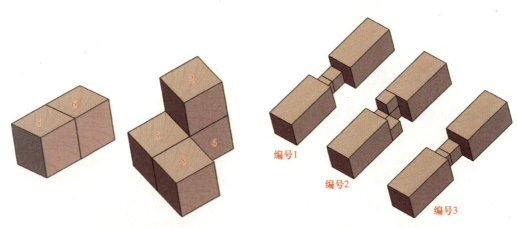

图 5-24　编号 1、3 的松木条正方体保留 5、6，
　　　　编号 2 的松木条正方体保留 2、5、6、8

图 5-25　编号 1、2、3 的松木块锯削品

（4）锉平和打磨　取编号 1 的松木块，用锉刀将正方体 5、6 打磨成圆柱，如图 5-26 所示，边打磨边放入编号 2 的松木块进行装配，直到装配牢固。

（5）组装

1）从左到右依次为编号 1、2、3 的松木块，如图 5-27a 所示。编号 1 的松木块中间是圆柱。

2）1号松木块和2号松木块按如图5-27b所示按位置摆放好,进行装配。

3）1号和2号松木块按如图5-27c所示位置摆放好,3号木块进行装配。

4）旋转1号松木块,到达正确的位置,使1、2、3号松木块紧密连接,如图5-27d所示。

（6）创新　平板电脑是现代大学生普遍使用的学习工具,如何改装鲁班锁,能变成我们的平板电脑支架呢?开动脑筋一起动手吧。

拓展思考：结合工科院校特色,想一想,用45钢代替木头加工鲁班锁的加工工序。

图 5-26　编号1松木块打磨圆柱

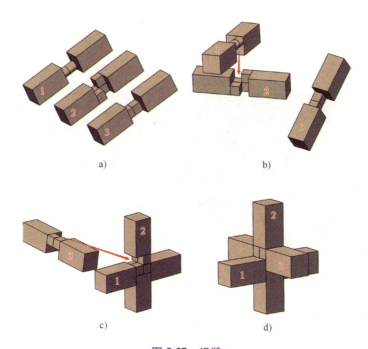

图 5-27　组装

2. 劳动实践案例2：木作榫卯小板凳劳动实践

榫卯结构是古代木工技艺的一种,常见的方法是,相互连接的两个件上不用金属钉子,而是采用一种凹凸处理的接合方式。制作步骤主要分为：设计、制图—取材、选料—下料、配料—净料、画线—打眼、开榫—截榫、塑形—组装、校准—净面、打磨。

（1）准备工具和材料　准备的工具和材料主要有：

1)工具。木铣刀、台锯、手锯、切割机、木工夹、刨子、尺子、砂纸、清漆等。

2)材料。胡桃木原材,长 30mm、宽 20mm、厚 30mm,若干块。

(2)板凳设计　小板凳的外观造型可根据自己的喜好进行设计,要求榫卯结构连接。小板凳线条饱满顺畅,要保留原材料天然的纹理,自然美观,三维设计如图 5-28 所示。

图 5-28　板凳的一种设计方案

(3)测量画线　使用卷尺、钢直尺和铅笔,在木材的一端把卷尺的钩子钩上,再把卷尺拉到需要的长度位置做下记号。用钢直尺辅助画出笔直的墨线。在每个材料上编号,把需要去掉的部分涂黑。

(4)锯切　使用木工锯,把多余部分材料裁除,注意安全。

(5)木铣刀开槽　根据设计图,在需要榫卯结构连接的地方打眼和开槽,这个板凳能够承重不超过 100kg,设计完全依靠榫卯组装拆卸,不需要胶水黏接,如图 5-29 所示。

图 5-29　木铣刀开槽

(6)组装　暗榫建议使用圆棒,采用不同颜色的圆棒,可在木架上凸显特点,如图 5-30 所示。

榫卯结构的小板凳制作起来可以很简单,也可以很复杂,因制造者的心情和兴趣而异。

完成情况评价

生活家具维修服务劳动实践项目活动评价见表 5-4。

图 5-30　组装

表 5-4 生活家具维修服务劳动实践项目活动评价

担任职务			
责任分工			
评价项目	评价主体		
	自我评价	组长评价	老师评价
安全			
方案设计			
完成情况			
创新点			
团队合作			
改进措施			

注：活动评价表的填写可为等级评价形式。其中，A：优秀；B：良好；C：合格；D：不合格。

成果形式

1）每组木制实物作品。

2）每组制作过程照片。

3）撰写一份劳动实践项目执行报告，包括材料、工具的选择准备，项目总结（改进方案、体会和总结）。

安全注意事项（针对该类劳动实践活动是否有专门的安全标示需要认知）

1）必须戴好安全帽、长发不得外露，戴好防护镜、口罩，严禁穿凉鞋、拖鞋，扎紧衣袖口、领口及裤腿口。

2）如遇异常情况应立即停止实践，并向指导老师报告，待问题解决后再操作。

3）实践结束后在指导老师的安排下做好材料和工具的清点、维护和堆放工作，并做好场地的清洁工作，刨花、木屑、碎木倒入专门的垃圾收集桶里。

参考文献

[1] 吴顺. 工匠精神：传承与创新［M］. 北京：中共党史出版社，2018.

[2] 何卫华，林峰. 大学生劳动教育理论与实践教程［M］. 厦门：厦门大学出版社，2019.

[3] 中国就业培训技术指导中心. 保洁员：初级［M］. 北京：中国劳动社会保障出版社，2010.

[4] 中国就业培训技术指导中心. 保洁员：中级［M］. 北京：中国劳动社会保障出版社，2010.

[5] 中国就业培训技术指导中心. 保洁员：高级［M］. 北京：中国劳动社会保障出版社，2010.

[6] 中国就业培训技术指导中心. 保洁员：基础知识［M］. 北京：中国劳动社会保障出版社，2010.

[7] 杨婧娴. 基于生活劳动的大学生劳动教育实践［J］. 长江丛刊，2020（34）：98；129.

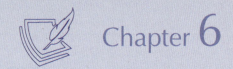

第 6 章　公益劳动实践

牢记奉献、友爱、互助、从善，保持良好的思想品德、积极的人生态度、健康的生活情趣，是当今社会对一名新时代大学生的基本要求。大学生积极参加公益服务，主动承担社会责任，多做扶弱济困、扶贫助残的实事，从亲老敬老、安居乐业到救世济民、帮扶天下，践行家国情怀，以实际行动发扬中华优秀传统文化，促进社会进步。

1. 公益劳动实践的定义

义务劳动是指人自愿参加的无报酬的劳动。《中华人民共和国劳动法》第六条规定：国家提倡劳动者参加社会义务劳动。

公益劳动属于社会义务劳动，是建立在劳动者自觉、主动的基础之上的，无偿开展抢险救灾、卫生环境、帮贫扶弱等帮扶群众的义务劳动，是劳动者高尚社会责任感和崇高品德的体现。

2. 公益劳动实践的特点

1）公益劳动实践培养大学生正确的家国情怀、担当意识和爱国意识。

2）公益劳动实践帮助大学生形成家国共同体意识，积极有效地应对未来挑战，养成珍惜劳动成果的优良品质和良好习惯。

3）公益劳动实践使大学生在"赠人玫瑰，手有余香"中感受自我价值实现的愉悦，以及对高尚精神境界的向往和追求。

3. 公益劳动实践的主要内容

公益劳动实践的内容可以分为以下几个方面：

（1）社会调查活动　深入乡村、城镇、社区、单位等，有计划、有重点地对社会热点问题、社会热门现象进行系统地走访考察、参观访问等，将获得的信息进行研究，阐述自己对问题、现象的观点、建议、意见，并完成调查报告等。

（2）技能实训　结合专业知识，参与企事业单位教学、工作要求外的专业技能培训、实习等。

（3）科技服务活动　立足所学知识，在教师指导下发挥专业知识技能，开展科技类相关的咨询服务、科技推广、创新创业等活动。

（4）文化服务活动　深入乡村、城镇、社区、企业，开展文化艺术交流与宣传、科普讲座、咨询等活动。

（5）公益劳动和社会服务活动　大学生在学校开展公益劳动，承担力所能及的学生事务等工作；在社区开展敬老助老、帮困助残服务、社区公益事业服务等活动；参加西部支教计划、贫困地区志愿行动等活动；与企业、居民委员会等单位开展文明共建相关活动等。

另外，还有大学生在课余时间积极参加勤工助学活动；依托国家和学校创新创业的政策，根据自己具备的专业知识和个人兴趣爱好，在老师的指导下进行课题研究和设计，进行创新创业实践活动。

通过参与公益劳动，提高公民意识、增强责任感和使命感，在劳动中加深对社会的认知，弥补课本知识的不足，丰富人生的阅历，为个人的成长打下坚实的基础。

6.1　实践项目 1：高校公共区域生活垃圾清理与分类劳动实践项目

6.1.1　概述

1. 引例

陈鹏，1999 年 9 月下岗分流安置到江都区环卫处，无论干什么，她都尽心尽职地做好工作。晴天一身灰，雨天一身泥，重活、累活、苦活抢着干，一年四季不管刮风下雨第一个到岗的是她，最后一个离岗的还是她。以她名字命名的"陈鹏保洁组"已成为江都环卫的文明优质服务品牌。

陈鹏利用业余时间深入社区，用自编自演的节目宣传垃圾分类，并把居民送来的垃圾分类打包，教居民怎样变废为宝。2015 年，她加入江都好人联合会，带着一群志愿者常年从事环保宣传活动。宣传环保创新方式、与时俱进，编唱三句半《垃圾分类就是好》，走遍江都 13 个乡镇，把垃圾分类的宣传覆盖整个江都区。[⊖]

2. 高校公共区域生活垃圾清理与分类

（1）高校公共区域生活垃圾清理与分类劳动实践活动的基本内容　生活垃圾是指人们在日常生活或者为日常生活提供服务的活动中产生的固体废物，以及法律、行政法规规定视为生活垃圾的固体废物。高校公共区域垃圾清理与分类是指将大学生公共活动区域，如楼梯间、电梯间、走廊、通道、运动馆、操场、广场、教室等地方的生活垃圾，按规定进行垃圾清理，实现分类投放、分类搬运、分类储存。垃圾清理与分

⊖　资料来源：《江苏工人报》，全国劳模陈鹏自编节目宣传垃圾分类。

类的目的是保护地球资源和环境，使物尽其用，提高垃圾的资源价值和经济价值。

高校公共区域生活垃圾清理与分类劳动实践活动的基本内容包括：

1）利用校园网、广播、校报、微信公众号等加强生活垃圾分类宣传，建设生活垃圾分类宣传专栏，普及生活垃圾分类知识，在校园营造"垃圾分类、人人有责"的良好氛围。

2）将生活垃圾减量、分类、处理等相关知识纳入宣传教育，通过新生入学教育、主题班会、党团活动日、知识竞赛等形式，宣传勤俭节约、绿色健康的生活方式。进行环境保护教育，通过宣传提高大学生对生活垃圾减量、分类、处理等知识的知晓率。

3）充分调动大学生社团或志愿者团队的积极性、主动性，开展多种形式、多种内容、效果显著的生活垃圾分类相关实践活动，如图6-1所示。

4）结合生活垃圾分类规定，合理放置垃圾分类收集容器，优化布局垃圾临时存放点区域，制定垃圾分类工作实施方案，垃圾分类收集容器数量足够、标识清晰，确保垃圾不落地、不外露，如图6-2所示。

图6-1　党员活动日——校园清洁岗位实践

图6-2　生活垃圾临时存放点

（2）高校公共区域生活垃圾清理岗位职责

1）清运工作要迅速及时、全面彻底。每天必须定时定点地将各个垃圾桶内的垃圾折合成满桶，厨余垃圾桶不得与其他垃圾桶混合，并集中运送至处理中心，不得有遗漏。

2）垃圾桶架子上不得有空缺，每运走一桶垃圾须替换上对应的空桶，桶架上的垃圾桶必须配备齐全并按要求摆放，最右边摆放厨余垃圾桶。

3）保持垃圾桶的清洁卫生，将垃圾桶摆放点散落的垃圾清扫干净，确保周围地面干净整洁。

4）对校园内垃圾桶的损坏情况及时检查并做好记录，将损坏情况及时上报。

（3）高校公共区域生活垃圾分类岗位职责

1）垃圾分类人员必须熟悉垃圾分类规定，将垃圾按要求进行清理、分类、称重、记录，确保无杂质，捆扎牢固，码放整齐。

2）垃圾分类人员及时将处理中心散落的垃圾清理干净，确保日产日清。

3）不乱扔杂物，不随地吐痰，保持室内环境卫生干净整洁，每日结束分检工作必须对处理中心进行彻底打扫消毒，保证地面及分拣台，以及门口周边干净无异物，并做好机器清洁消毒工作。

4）每日对机器的运行状态及投料情况做好记录，确保机器的正常运行。

5）每日按要求对机器进行投料，投料前必须对投入的厨余垃圾进行检查，不得含有厨余垃圾以外的杂物，不得超重。

3. 高校公共区域生活垃圾清理与分类劳动实践项目的特点

1）高校公共区域生活垃圾清理与分类劳动实践项目可以利用各大院校现有的资源和场地，项目容易实施、运行。

2）在项目实施中，让每位大学生以宣传员和清理员的身份参与垃圾清理与分类，了解清洁人员的工作规范，感受清洁人员的辛苦付出，在实践中加强对保护环境的认识。

3）学生利用自己所学专业相关知识，对所在学校的垃圾清理与分类工作提出改进意见，完善大学校园垃圾清理与分类管理。

4）由班长作为班级联络负责人，将班级根据项目分组，每组选出一名组长，负责本组相关事宜。建议总学时为12学时，其中线上4学时、线下8学时。可以根据需要设置实践活动负责人、技术人员、安全员，辅助老师保证劳动实践课有序、安全地进行。

4. 高校公共区域生活垃圾清理与分类劳动实践项目的培养目标

1）了解校园环境美化的内容和识别生活垃圾种类。

2）可按照学校室内、休闲空间和走廊的垃圾清理要求与操作流程进行垃圾清理，独立实现垃圾分类。

3）积极参加校园生活垃圾清理与分类项目实践，养成崇尚劳动的观念。

6.1.2 高校公共区域生活垃圾清理与分类实践

本劳动实践项目选择学校一处公共区域作为生活垃圾清理与分类的场地。

1. 掌握有关生活垃圾清理与分类知识

（1）生活垃圾分类　我国一般将生活垃圾分为可回收垃圾、有害垃圾、厨余垃圾和其他垃圾四类，图6-3所示为一种生活垃圾分类垃圾桶。

1）可回收垃圾。可回收垃圾是通过综合处理可以回收利用的垃圾，回收后可

图6-3　生活垃圾分类垃圾桶

以减少环境污染、节省能源资源，主要有塑料、金属物、废纸、玻璃和布料五大类。

塑料：各种塑料包装、塑料袋、一次性塑料餐盒餐具、塑料泡沫、塑料牙刷、塑料杯子、矿泉水瓶等。每回收 1t 塑料饮料瓶可获得 0.7t 二级原料。

金属物：主要包括易拉罐、罐头盒等。每回收 1t 废钢铁可重新炼钢 0.9t，比用矿石冶炼节约 47% 的成本，减少 75% 的空气污染，减少 97% 的水污染和固体废物。

废纸：主要包括期刊、图书、报纸、包装纸等。要注意纸巾和厕所用纸由于水溶性太强不属于可回收垃圾。每回收 1t 废纸可重新造纸 850kg，节省 300kg 木材，比等量生产减少 74% 的污染。

玻璃：主要包括各种玻璃制品，如玻璃瓶、暖瓶、碎玻璃片、镜子等。

布料：主要包括桌布、洗脸巾、废弃衣服、书包、鞋等。

2）有害垃圾。有害垃圾是指含有对人体健康有害的重金属、有毒的物质或者对环境造成现实危害或潜在危害的废弃物，包括荧光灯管、灯泡、电池、水银温度计、油漆桶、部分家电、过期药品、过期化妆品等。这些垃圾一般要单独回收或填埋处理。

3）厨余垃圾。厨余垃圾是指家庭生活饮食所需用的生料、成品或残留物，是有机垃圾的一种，包括菜叶、剩菜、剩饭、蛋壳、果皮、骨、贝壳、茶渣等，经生物技术就地处理堆肥，每吨可生产 0.6~0.7t 有机肥料。

4）其他垃圾。其他垃圾主要包括砖瓦陶瓷、瓷器碎片、渣土、卫生间废纸等难以回收的废弃物。其他垃圾危害较小，但无再次利用价值，一般采取填埋、焚烧、卫生分解等方法处理，部分可以使用生物降解。

（2）学校的生活垃圾分类模式及收集流程

1）分类模式。根据学校实际情况，按照当地所在省市规定的可回收物、厨余垃圾、有害垃圾、其他垃圾四种类别进行生活垃圾分类。校园施工产生的建筑垃圾、绿化垃圾，以及实验室危险废弃物垃圾等按照相关规定进行处置，严禁混入生活垃圾投放。

学校和个人应在规定地点，用符合要求的垃圾袋或者容器分类投放生活垃圾，不得随意抛弃、倾倒、堆放生活垃圾。垃圾分类既是培养高素质人才的需要，也是创建文明、生态校园的需要，是利在当代、功在千秋的事业。

2）学生公寓宿舍分类收集流程。将宿舍的厨余垃圾滤除水分后装袋投放至室外厨余垃圾桶，不得混入不利于后期处理的废餐具、贝壳类、木竹类等杂质。后勤负责将厨余垃圾桶内的垃圾在规定时间运至固定的垃圾集中装运点，对接市政厨余垃圾收运车清运。将宿舍的其他类别的垃圾分类装入相应垃圾袋中，并就近投放到室外对应的垃圾分类桶内。其他种类的垃圾由后勤安排车辆分类收集清运。

3）校园公共区域及教学楼分类收集流程。公共区域及教学楼按片区划分，负责日常打扫的保洁员将垃圾收集，并由保洁员将果皮箱中的其他垃圾、可回收物及有害垃圾通过分类收集车进行分类统一收集、运送到固定垃圾堆放点进行分类投放，后勤安排车辆分类清运。保洁员分类收集车辆上需张贴相应的分类标识。

4）学院垃圾分类收集流程。所属各学院自备符合当地省市标准的垃圾分类桶，安排清洁人员及时将生活垃圾按类分别投放到固定的垃圾桶中，后勤安排车辆分类清运。

（3）生活垃圾清理与分类常用的工具

生活垃圾清理与分类常用的工具包括：口罩、手套、扫把、簸箕、铁锹、安全围挡、保洁车等如图6-4、图6-5所示。

图6-4 垃圾清理工具

图6-5 保洁车

2. 实践岗位：大学生生活垃圾分类现状调查员

实施生活垃圾的分类和收集，可使垃圾处理的成本下降，减少垃圾处理的工作量，减少垃圾对环境的污染，减少消耗土地资源，不仅具有生态环保的意义，更能促进社会的进步、经济的发展。大学校园属于人口和知识密集区，是教育水平和文化程度比较高的地方，大学生对垃圾分类的推广、实施接受程度强，对健康生活环境的意识较高，对这类人群展开垃圾分类的调查和研究，具有典型性强、代表性的特点。

研究表明，通过生活垃圾分类收集，1万人左右的大学校园制造的生活垃圾，其中每年可回收垃圾资源约55t废纸、15t空瓶、61t废塑料，进行分类收集回收，可直接减少生活垃圾排放131t，同时将回收的废纸、易拉罐、废塑料等再制造再利用，每年不仅可以创收，还能节约处理这部分生活垃圾的成本，经济效益显著。

大学生生活垃圾分类现状调查劳动实践流程：活动准备—调查进行—统计分析—分析结果。

（1）活动准备

1）收集有关的图片、数据、文字资料和视频资料。

2）学习环境保护的相关视频、课件等。

3）准备好相关调查用表格。

4）了解所在市和所在大学每天产生多少生活垃圾，这些垃圾日常怎么处理，收集并记录相关数据。

5）收集校内及学校周边的生活垃圾，并对垃圾进行分类，找出哪些是可回收的。记录可回收垃圾的种类和可回收垃圾占总垃圾的比例、不可回收的种类和不可回收垃圾占总垃圾的比例。

（2）调查具体内容

1）调查对象。大学各年级、各专业在读本科生、研究生。

2）调查方法。对所在大学各个专业进行便利抽样、集中问卷调查。

3）调查内容。调查问卷的内容主要包括：被调查者的基本信息、生活垃圾分类常识、针对生活垃圾分类所持态度与相关评价、对生活垃圾分类有哪些行动和热心建议等。其中垃圾分类认知包括垃圾归属类别、常见垃圾处理方法及垃圾与环境和健康之间的调查。调查问卷正确答案均依据国家现有标准及当地垃圾管理条例制定。问卷调查信息表见表6-1。

（3）统计分析　统计学分析中最重要的因素是数据，随着计算机技术的发展，目前数据分析工作已经交给了专业的数据分析软件，常见的统计软件有SPSS、SAS、S-plus、Minitab等。目前流行的、大学生常用的统计软件是SPSS，主要用于编辑数据和数据统计分析，其优点是功能强大、操作简单、不需编程，适合于初学统计的学生。

对收集的问卷数据进行整理，去除所有问题答案全选一种选项的问卷，去除漏填15%以上的无效问卷，保证数据的准确；对问卷的每个题目进行变量定义并起变量名，如"q1"（第一题），给每个变量的备选答案进行取值编码，即将文字用数字进行表达，例如男性=1，女性=2；使用Word和Excel软件录入调查结果；用Excel及SPSS软件处理图表数据，进行数据统计分析；检验水准$\alpha=0.05$，由抽样误差引起样本差异的概率P值<0.05；对数据进行分析时，计量资料采用平均数、标准差，分类资料采用相对比作为指标；采用卡方检验作为SPSS的分析方法。

（4）分析结果　通过统计分析，得到统计图和统计表，将得出的结果汇总，判断结果是否符合预期值。

（5）评分标准　大学生生活垃圾分类现状调查员评分标准见表6-2。

表 6-1　问卷调查信息表

您好！感谢您抽出宝贵的时间来完成这份关于"生活垃圾分类"的问卷。调查采用匿名方式，请放心答题。除了标注的多选题外，其他均为单选题。谢谢合作！

1. 你所在的年级？（　　）
　A. 大一　　　　　B. 大二　　　　　C. 大三　　　　　D. 大四及大五　　　　　E. 研究生
2. 你所学的专业？（　　）
　A. 理工类　　　　B. 医药类　　　　C. 文史类　　　　D. 其他
3. 你的性别？（　　）
　A. 男　　　　　　B. 女
4. 你的生源地？（　　）
　A. 农村　　　　　B. 城市
5. 你的招生类别？（　　）
　A. 省内　　　　　B. 省外
6. 你父亲的文化程度？（　　）
　A. 小学及以下　　B. 初中　　　　　C. 高中　　　　　D. 大学及以上
7. 你父亲的职业？（　　）
　A. 农民　　　　　B. 工人　　　　　C. 干部　　　　　D. 其他
8. 你母亲的文化程度？（　　）
　A. 小学及以下　　B. 初中　　　　　C. 高中　　　　　D. 大学及以上
9. 你母亲的职业？（　　）
　A. 农民　　　　　B. 工人　　　　　C. 干部　　　　　D. 其他
10. 报纸是？（　　）
　A. 可回收物　　　B. 有害垃圾　　　C. 厨余垃圾　　　D. 其他垃圾
11. 废电池是？（　　）
　A. 可回收物　　　B. 有害垃圾　　　C. 厨余垃圾　　　D. 其他垃圾
12. 果皮是？（　　）
　A. 可回收物　　　B. 有害垃圾　　　C. 厨余垃圾　　　D. 其他垃圾
13. 卫生间废纸是？（　　）
　A. 可回收物　　　B. 有害垃圾　　　C. 厨余垃圾　　　D. 其他垃圾
14. 你认为垃圾分类对改善环境有帮助吗？（　　）
　A. 有　　　　　　B. 没有
15. 你能清楚地分辨哪些是可回收垃圾，哪些是不可回收的垃圾吗？（　　）
　A. 完全能　　　　B. 模糊地知道　　C. 完全不知道
16. 你有经常接受垃圾分类的教育或在校园看到有关垃圾分类的宣传吗？（　　）
　A. 有　　　　　　B. 没有　　　　　C. 没注意
17. 在你日常生活中，垃圾一般是如何处理的？（　　）
　A. 未出售也未处理，全部投放到垃圾箱
　B. 除废品出售外，再分类后投放到垃圾箱
　C. 除废品出售外，其余全部投放到垃圾箱
18. 分类垃圾桶和传统垃圾桶，你比较喜欢哪一个？（　　）
　A. 分类垃圾桶　　B. 传统垃圾桶　　C. 都不喜欢
19. 你认为在学校实施生活垃圾分类回收的困难有哪些？（可多选）（　　）
　A. 学生环保意识淡薄　　　　　　　B. 设施不够完善
　C. 宣传力度不够　　　　　　　　　D. 学生对垃圾回收分类知之甚少
20. 你认为垃圾分类回收中，哪个群体应该发挥最大作用？（可多选）（　　）
　A. 垃圾排放者　　B. 环卫工人　　　C. 相关职能部门
　D. 宣传媒体　　　E. 社区宣传员
21. 谈谈你所了解的目前垃圾分类的不足之处。

表6-2 大学生生活垃圾分类现状调查员评分标准

岗位	序号	内容	评分	得分	备注
大学生生活垃圾分类	1	划阶段标准执行	25		
	2	执行阶段方案完整	25		
	3	检查阶段工作质量	25		
	4	处理阶段跟踪处理	25		
		合计	100		
检查人签字			日期		

完成情况评价

检查人（老师或组长）对所在小组工作完成情况进行汇报总结，点评各个岗位表现的优缺点。小组成员对所完成的实践项目进行自我评价，整改、提出完善性修改计划，完成项目评价表。小组成员之间交流不同岗位的心得体会。

学生垃圾清理与分类项目实践评价见表6-3。

表6-3 学生垃圾清理与分类项目实践评价

评价项目	自评结果（30%）	互评结果（30%）	师评结果（40%）
垃圾清理与分类过程规范、个人防护、安全遵守情况（15%）			
态度、劳动精神（15%）			
项目过程评价（20%）			
项目完成评价（40%）			
实践项目执行报告（10%）			

成果形式

1）每组依次完成高校公共区域垃圾清理与分类劳动项目三个任务模块。

2）每组撰写一份劳动实践项目执行报告，包括垃圾清理与分类理论知识学习情况，任务组织实施、完成情况，项目总结（改进方案、体会和总结）。

安全注意事项（针对该类劳动实践活动是否有专门的安全标示需要认知）

1）节约用水。

2）操作中注意个人安全，使用工具时注意不要误伤自己和他人。

3）如遇异常情况应立即停止作业，并向实习指导老师报告。

4）实践结束后在指导老师的安排下做好清洁工具和产品的清点、堆放工作。

6.2 实践项目 2：服务高校退休教师家政公益劳动实践项目

6.2.1 概述

1. 引例

李晶，先后被中共中央宣传部、中央文明办联合授予四个100"最美志愿者"，被民政部和全国老龄委授予"全国敬老助老模范人物"，被共青团中央授予"全国向上向善好青年"，被共青团青海省委授予"第21届五四青年奖章"等荣誉称号。

2012年来到民和县工作的李晶，发现这个贫困人口众多的大县，有很多独居老人生活不能自理，这些老人的养老问题牵动着李晶的心。当年，她通过多方筹措资金开办了民和县第一家老年公寓。自开办以来，先后收住40余名贫困孤寡老人，免费收住9名贫困孤残、无家可归的老人。

老年公寓里，绿化、环境卫生井井有条，房间干净又整洁，老人们还在菜园里种着各种时令蔬菜。副院长全胜德说："李晶很懂老人的心思，对待老人像家人一样。政府补助给每位老人的钱，李晶让老人们自主决策支配。从每日三餐到生活用品，李晶都和老人们商量着办，充分尊重大家的意愿。老人们生活得舒心，精神状态非常好。"

为了给老人们提供更加专业的服务，2015年，李晶创办了孝康养老服务中心。先后筹资实施了关于妇女儿童、残障人士发展、环境保护、乡村教育、养老服务等方面的41个公益项目和活动，受益群体达5.8万余人。

李晶说："现在国家很重视养老问题，出台了一系列政策，我才有机会在基层亲力亲为，为老人们的晚年生活过得幸福而有尊严，做一些力所能及的事情。事业虽坎坷但有意义，我的人生价值也得到了体现。"⊖

2. 服务高校退休教师家政公益劳动实践

高校退休教师文化程度和个人素质普遍较高、经济稳定，且退休后还能享受来自原工作高校的福利等，社会地位高。人们反而更容易忽视他们作为老人的老年需求，为此学生志愿者服务资源可供退休教师利用。通过参与家政公益劳动，可以更加了解退休教师的生存现状，发现问题，找到隐患，提出预防和解决的措施和方法，满足退休教师的不同需求，使退休教师享受更合理、便捷、优质的服务，具有重要意义。

3. 服务高校退休教师家政公益劳动实践项目的特点

1) 服务退休教师家政公益劳动实践不仅给离退休的老教师送去了温暖，也加强了老教师与学校的联系。同时通过与老教师的交流，大学生也受益匪浅。

⊖ 资料来源：经济日报，敬老院里的爱心使者。

2）引导大学生尊重劳动、崇尚劳动、感悟劳动的伟大和美丽，培养大学生的实践动手能力、转化知识能力、运用知识能力与社会沟通能力。

3）本劳动项目适用对象是具有一定劳动素质的本科生。项目实施以班级为单位，根据任务模块，大学生自行组队，依次完整地完成实践项目。

4. 服务高校退休教师家政公益劳动实践项目的培养目标

1）通过参加退休教师家政公益劳动实践，了解中华传统敬老爱老文化，弘扬帮老助老美德；让大学生在参与社会服务时能掌握一定的规范操作、安全防护知识和服务社会的基本知识技能；学习志愿服务理念，掌握志愿服务技能、技巧与活动流程。

2）通过服务退休教师家政公益劳动实践，培养大学生积极参加力所能及的社会服务劳动和义务劳动，养成崇尚社会服务劳动的观念，高度认同义务劳动和志愿服务对个人发展的作用，增强个人劳动能力，积极提升专业服务能力。

3）通过服务退休教师家政公益劳动实践，在培养大学生增强体力、发展智力、创造财富的同时，让其养成尊重劳动的思想品德，树立社会责任感和社会公益意识。

4）通过班级分组的形式完成，有助于培养大学生团结协作的劳动精神。

6.2.2 服务高校退休教师家政公益劳动实践

1. 掌握有关服务高校退休教师家政公益的相关知识

（1）服务对象　高校退休教师。

（2）服务内容　以不同的主题开展不同的服务活动，主题选择范围包括：

1）从当今社会面临的共同问题，如环境污染、能源危机等方面选择主题；从当今社会发生的重大事件，如传染病防控、自然灾害等方面选择主题。

2）从高校退休教师的基本活动，如消费、旅游等方面选择主题；从活动运作的基本方式，如社会的生产、交换等方面选择主题。

3）从主要的社会角色，如家庭成员、朋友等方面选择主题。

4）从社区群众共同关心的问题，如交通堵塞、养老、就业等方面选择主题。

5）从社区范围，如家庭、社区、县市、省市、国家等方面选择主题。

服务主题选好后，确定活动内容。例如，养老主题，本着"关爱老人，奉献爱心"的初心，可以帮助高校退休教师进行房屋清洁。活动开展前，大学生完成分组、确认清洁物品、沟通老教师等前期准备工作。在活动过程中，大学生积极与老教师沟通，帮助老教师做清洁风扇上的油污，打扫各个房间的窗户，擦净冰箱、空调顶部的浮灰等一系列工作，为老教师提供更干净、温馨的生活环境。大学生可以和老教师拉家常、聊趣事、表达关爱，陪老人解闷，提醒老教师注意饮食、保重身体。活动结束后，大学生进行总结讨论，改进不足，更好地提升志愿服务质量，丰富活动形式，更有意义地帮助老教师，弘扬爱老、助老的传统美德，走出校园，服务社会。

长期生活在同一个地方的人，一般都会对当地的地理环境、物产特色、人文景观、民风民俗等非常熟悉,大学生要经常留意老教师们关注谈论的话题,建立健全对良好生活环境的情感和态度,学会交往、合作,懂得理解和尊重。

2. 实践岗位1:大学生助老艺术活动

(1)活动内容　开展艺术活动是一种使交流变得更容易和更愉快的举措,还能够应用所学知识,参与社会服务。助老艺术活动,如图6-6所示。

(2)活动条件

1)活动时间:4~6学时。

2)地点:校区教职工活动中心。

3)必备物品:宣传物料及艺术活动物料。

(3)活动步骤

1)5~6人为一小组,以小组为单位,组织者提出艺术活动设计意图。

2)起草活动方案,同时进行广泛的社会宣传以吸引退休教师参与。

图6-6　举办助老艺术活动

3)可聘请艺术家参与指导,以确保活动的成功。

4)对参与者的艺术活动方案进行评判并举行授奖仪式,争取让优秀的方案能在以后继续得以实践。

(4)注意事项

1)需获得学校管理者及各方面的支持。

2)活动过程要简练。

3)活动开展过程中,各小组大学生相互协作、敢于实践;各小组组长要协调好小组成员与社会层面的人员关系,文明进行公益服务;指导教师全程关注,保证大学生都能体验。

4)活动后,收集活动照片,撰写关于活动经历、收获、感受或体会等内容的文章。

(5)实施服务　进行公益服务时,一定要听从指导老师和负责人的领导和安排,注意安全,不得擅自行动。活动结束后填写活动记录表见表6-4。

表6-4　大学生助老义工活动记录表

你在活动中的角色(描述你的工作任务、职责等)	
你服务对象的情况(描述服务对象的状况及需求)	
你准备怎样参与活动(简要描述活动内容)	
服务内容	
完成情况及进展	

（6）评价反思　由指导老师和负责人对各组同学进行项目评价。大学生助老艺术活动评价表见表6-5。

表6-5　大学生助老艺术活动评价表

岗位	序号	公益服务	评分	得分	备注
大学生助老艺术活动	1	服务技能	30		
	2	沟通能力	30		
	3	心得体会	40		
合计			100		
检查人签字			日期		

3. 实践岗位2：大学生助老义工

（1）活动目标　传递爱心，提升个人沟通能力和发现问题、解决问题的能力，培养关怀老人的社会责任感，促进社会和谐。

（2）活动时间　建议4~6学时。

（3）活动准备

1）教师提前联系4~5位离退休教师并充分沟通了解教师们的服务需求。

2）学生可提前了解离退休教师最希望得到哪些帮助，并把这些需求记录下来。

3）结合个人情况，把自己希望提供的服务挑选出来，并通过网上搜寻有关知识或向家人和朋友请教，提前掌握相关服务技能和注意事项。

（4）活动流程

1）教师根据离退休教师的服务需求和学生可提供的具体服务进行人员匹配和分组，一般4~6人为一组。

2）小组成员之间可进行服务内容的沟通和交流。

3）按照学校或教师安排到达指定的地点，并按照具体分工对离退休教师们提供相应服务。

4）小组成员在服务过程中要与离退休教师们进行充分沟通并提供力所能及的服务，服务过程中要团结协作解决突发问题和难题。

5）服务结束后，每个小组要集体合作对今天的活动写一份心得体会。

6）每个小组选派一名代表分享心得体会，其他小组成员可以对其进行提问，小组内其他成员也可以回答提出的问题；通过问题交流，将每一个需要研讨的问题都弄清楚。

7）指导教师进行分析、归纳、总结，并对项目小组进行评价。

大学生助老义工实践评分标准见表6-6。

表 6-6　大学生助老义工实践评分标准

岗位	序号	评分内容	评分	得分	备注
大学生助老义工	1	服务技能	25		
	2	沟通能力	25		
	2	执行能力	25		
	4	个人防护、安全遵守情况	25		
合计			100		
检查人签字			日期		

成果形式

1）每组依次完成公益劳动项目两个任务模块。

2）每组撰写一份劳动实践项目执行报告，包括公益劳动理论知识学习情况，任务组织实施、完成情况，并进行项目总结（改进方案、体会和总结）。

安全注意事项（针对该类劳动实践活动是否有专门的安全标示需要认知）

1）如遇异常情况应立即停止作业，并向实习指导老师报告。

2）工作过程中时刻注意个人及离退休教师的安全。

6.3　实践项目 3：高校物业管理日常巡检劳动实践项目

6.3.1　概述

1. 引例

秦玉福，平凡岗位，不凡人生。自 1998 年从事水电暖维修安装工作以来，无论烈日炎炎，还是风霜雨雪，他总是随叫随到毫无怨言，用一颗真心为广大居民服务。秦玉福踏踏实实、专业敬业，数十年如一日地干好一件事。从一名普通的水电工成长为高级技师到获得"全国劳动模范"的殊荣，他用行动谱写了一名基层物业工作者的敬业奉献之歌。

秦玉福在工作期间发明的瓷瓶固定卡、拉线包箍、地锚拉杆冷握器，以及放线盘等施工用具，为企业每年创利 300 余万元。他还凭着自学的专业知识，以及多年的工作经验，数次主动承担急难险重工程任务，用坚守和奋斗的精神状态为全体干部职工群众树立了榜样，唱响了"劳动最光荣、劳动最崇高、劳动最伟大、劳动最美丽"的时代主旋律。㊀

㊀ 资料来源：兵团日报，全国劳动模范秦玉福的故事：用行动书写最美"敬业福"。有改动。

2. 高校物业管理日常巡检

（1）高校物业管理巡检劳动实践活动的基本内容　高校物业管理巡检岗位包括前台接待、安全管理、环境卫生清洁、公共设施维护管理等。

（2）安全管理日常巡查岗位职责　安全管理日常巡查主要包括消防安全管理、公共设施安全管理和公共秩序维护等方面。它关系到大学生人身财产安全，也是物业整体服务水平的重要标志。安全管理日常巡查是按照有关制度和规定，实施安全防范巡逻、检查和监控，定时和不定时地对大学生公寓内外各主要部位进行巡视检查，发现各种不安全因素，及时加以处理。

（3）卫生保洁工作日常巡检岗位职责　保洁是经过培训的专业人员使用专门清洁设备、工具和药剂进行卫生清洁的工作。卫生保洁工作的巡检内容是检查卫生保洁过程、人员操作是否规范化和专业。

（4）公共设施管理日常巡检岗位职责　物业公共设施设备管理在整个物业管理内处于非常重要的地位，是物业运作的物质和技术基础。公共设施管理的日常巡检有利于用好、管好、维护检修好现有的公共设施设备，以提高公共设施设备的利用率及完好率。公共设施管理日常巡查包括设施设备是否按照物业使用标准准备、无残缺、无破损；是否建立设施设备管理资料台账等。

3. 高校物业管理日常巡检劳动实践项目的特点

1）高校物业管理日常巡检劳动实践项目可以利用各高校现有的资源和场地，与劳动和教育相结合。

2）项目实施中，让每位大学生以巡检员身份完成高校物业前台接待、消防安全管理、环境卫生清洁、公共设施维护管理等岗位的巡查。学生在实践中加强对物业管理的认识，了解物业服务的工作规范，感受物业人员的辛苦付出。

3）通过参与物业管理巡检可以及时发现物业管理的问题、制度的问题，利于提高高校物业管理水平。

4）学生公寓或教学楼可以作为高校物业管理日常巡检的场所，项目容易实施、运行，便于操作演练。

5）项目适用对象是本科生，由班长作为班级联络负责人，将班级根据巡查项目分组，每组选出一名组长，负责本组相关事宜。

4. 高校物业管理日常巡检劳动实践项目的培养目标

1）让大学生对物业管理行业有基本了解，掌握物业巡检员的岗位职责、工作流程、巡查标准等相关知识。

2）让大学生体会服务劳动的不容易，端正劳动态度，形成良好习惯，培养大学生尊重劳动的世界观。

3）让学生深入认识平时习以为常的物业服务，培养劳动的责任意识、质量意识、品质意识。

4）定期举行消防演练，通过消防安全管理巡查实践，让大学生了解消防知识，熟练使用灭火器，具备扑救初起火灾和自救逃生的能力。

5）让大学生在现实工作环境中，获取物业管理相关知识和实践技能，利用所学知识探索提出优化物业管理工作的方案。

6.3.2 高校学生公寓物业管理日常巡检劳动实践

本劳动实践项目选择一栋学生公寓作为物业管理日常巡检的场地。

1. 了解高校物业管理日常巡检的工作流程

1）准备相应的检查表格、夹板、水笔。了解并掌握检查表格的正确填写方法。
2）熟悉各检查环节的检查内容及标准。
3）对检查出的问题，在检查表格中据实填写。
4）对现场检查出的问题进行归类、汇总。
5）将归类、汇总的问题及时提报给相关部门。
6）对各类问题解决情况进行跟踪、落实、回访。

2. 掌握有关消防安全知识

（1）常见消防安全设施　常见消防安全设施，如图6-7~图6-14所示。

图6-7　安全出口疏散指示标志

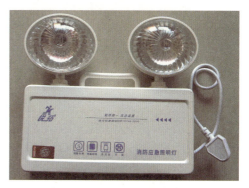

图6-8　应急照明

图6-9　防火门

图6-10　防火卷帘

图 6-11　手提式灭火器

图 6-12　推车式灭火器

图 6-13　室外消火栓

图 6-14　室内消火栓

（2）常见灭火器种类　灭火器是由人操作的能在其自身内部压力作用下，将所充装的灭火剂喷出实施灭火的器具，灭火器具有多种不同的分类方法。灭火器的种类见表 6-7。

表 6-7　灭火器的种类

分类方法	种类
灭火器操作使用方法不同	手提式和推车式
灭火器充装的灭火剂类型	水基型灭火器（清水、泡沫）、干粉灭火器、二氧化碳灭火器、洁净气体灭火器

目前使用最为广泛的为干粉灭火器，如碳酸氢钠干粉灭火器（BC 类干粉灭火器）和磷酸铵盐干粉灭火器（ABC 类干粉灭火器）。

（3）灭火器和室内消火栓使用步骤

1）灭火器的使用方法。灭火器的使用方法如图 6-15 所示，先拔下保险销，然后按下手柄，最后对准火源根部（上风侧）灭火。

图 6-15　灭火器的使用方法

2）室内消火栓的使用步骤，具体使用步骤如图 6-16 所示。

a）将消防水带拿出

b）接好水带与阀门口

c）接好水带与喷水枪头

d）按下消防泵起动按钮，即内部火警按钮

e）逆时针转动消防阀门

f）拿稳水枪对准起火处喷水

图 6-16　室内消火栓的使用步骤

（4）灭火器维修期限

1）水基型灭火器出厂期满 3 年须进行维护，首次维修以后每满 1 年进行维护。

2）干粉或洁净气体或二氧化碳灭火器出厂期满 5 年须进行维护，首次维修以后每满 2 年进行维修。

（5）灭火器报废年限

1）水基型灭火器。出厂期满 6 年后报废。

2）干粉/洁净气体灭火器。出厂期满 10 年后报废。

3）二氧化碳灭火器。出厂期满 12 年后报废。

3. 实践岗位 1：学生公寓前台服务日常巡查劳动实践

1）巡查仪容仪表和行为规范检查。对于男员工，发式不异类，侧面不过耳朵，后不触衣领，前不盖眼睛；对于女员工，前发不遮眼，后发不过肩，长发盘起来，发夹要统一。前台服务员着淡妆保持清新淡雅，工作时间统一穿着工装，不得混装搭配；要保证干净整洁，着装应将纽扣扣齐，拉链拉好，裤脚、衣袖不能卷起，左胸佩戴工作牌；行为规范要求姿态端正及自然大方，做到走路轻、说话慢、操作稳，保持正确的站姿、坐姿、走姿，始终面带微笑，服务主动热情。

2）巡查服务台台面是否干净整洁，物品使用相关内容标签是否分类摆放整齐。

3）巡查服务台是否配有移动电源排插、充电宝、创可贴、风油精、酒精、洗手液、免洗消毒液等便民服务项目。

4）巡查来人来访登记、交接班记录、大件行李出入登记、日常报修记录等资料，是否严格按照表单格式填写，要求字迹清晰工整，内容填写详细完整，具有可追溯性。

公寓前台服务巡查及评分标准见表6-8。

表6-8 公寓前台服务巡查及评分标准

岗位	序号	检查内容	评分	得分	备注
仪容仪表卫生	1	当班人员服务接待时保持站姿，面带微笑主动热情	10		
	2	当班人员按要求上班时间穿着工作服	10		
	3	当班人员按要求正确佩戴工作牌	10		
	4	前台工作区域卫生干净整洁，无明显积尘/污渍	10		
	5	前台日常使用物品分类摆放整齐有序	10		
便民服务	1	前台配置失物招领箱	5		
	2	前台配置创可贴、酒精等应急医疗物品	5		
	3	前台配置便民伞架及伞具等日常使用物品	5		
	4	前台配置免洗消毒洗手液等日常消毒物品	5		
记录资料	1	报修内容应记录清晰完整，结果便于追溯	5		
	2	投诉内容应记录清晰完整，结果便于追溯	5		
	3	记录内容应有处理证据或验证结果	5		
	4	按月及时统计汇总记录且数据来源正确	5		
	5	有人员排班记录或当班人员交接记录表	5		
	6	失物招领有相关记录内容	5		
合计			100		
检查人签字		项目负责人签字		日期	

4. 实践岗位2：学生公寓消防安全管理日常巡查日常实践

1）巡查安全出口/疏散指示标志、应急照明是否完好。

2）巡查消火栓、灭火器、安全出口/疏散指示标志是否在位完整。

3）巡查消火栓、灭火器是否按月进行检查，并在检查表上据实完整地填写检查记录。

4）巡查公共走道、楼梯等安全出口、疏散通道是否畅通。

5）巡查消火栓、灭火器箱等消防设施有无被遮挡，是否影响使用。

6）巡查有无违章用火用电，有无存放易燃易爆等危险物品。

7）巡查常闭式防火门是否处于关闭状态。

8）巡查防火卷帘下是否堆放物品、影响使用。

消防安全日常巡检如图 6-17 所示，公寓消防安全日常巡查及评分标准见表 6-9。

图 6-17　消防安全日常巡检

表 6-9　公寓消防安全日常巡查及评分标准

岗位	序号	巡查内容	评分	得分	备注
消防安全管理	1	消防设施器材外观完好、整洁、标识清楚	20		
	2	管理区域消火栓/灭火器处有消防月检表	10		
	3	消防月检表按要求每月检查填写，检查内容相符并签字确认	10		
	4	消火栓/灭火器等消防设施前无遮挡物，便于取用	15		
	5	安全出口/疏散指示标志、应急照明应在位完整	15		
	6	公共走道、楼梯等安全出口、疏散通道保持畅通，无堆积物	10		
	7	现场无违章用火用电，无存放易燃易爆等危险物品	10		
	8	建立消防器材管理台账	10		
合计			100		
检查人签字		项目负责人签字		日期	

5. 实践岗位 3：学生公寓环境卫生工作巡查劳动实践

1）巡查地面是否干净整洁，是否无纸屑、杂物，是否无明显污迹，是否每日循环清洁。

2）巡查墙面是否乱贴乱画，是否有明显污迹、明显蛛网。

3）巡查楼梯扶手/护栏是否干净，是否有蛛网、明显污迹、乱贴乱画。

4）巡查消火栓/灭火器箱是否干净整洁，是否有明显积尘、乱贴乱画、蛛网。

5）巡查消防报警按钮是否有积尘、蛛网、明显污迹。

6）巡查标识牌是否干净整洁，目视是否有明显灰尘、明显污迹、蛛网。

7）巡查卫生间是否干净整洁，地面是否有明显积水、异味，便池是否干净无明显污物，玻璃镜面是否有明显灰尘、污迹、手印，面盆是否有明显污渍；是否每日循环清洁。

8）巡查茶水间是否地面干净无积水，热水器是否有专业清洗消毒记录，表面是否干净无明显污迹，沥水篮内是否有明显杂物堆积。

9）巡查保洁用具是否摆放整齐，公共区域是否有随意摆放、乱扔乱放现象发生。

10）巡查每个楼层是否有保洁人员日常消毒记录，并按期存档。

学生公寓环境卫生日常巡查及评分标准见表6-10。

表6-10 学生公寓环境卫生日常巡查及评分标准

岗位	序号	巡查内容	评分	得分	备注
环境卫生	1	地面是否干净整洁，是否无纸屑、杂物，是否无明显污迹；是否每日循环清洁	20		
	2	墙面是否乱贴乱画、有明显污迹、有明显蛛网	10		
	3	楼梯扶手/护栏是否干净，是否有蛛网、明显污迹、乱贴乱画	10		
	4	标识牌是否干净整洁，目视是否没有明显灰、明显污迹、蛛网	15		
	5	卫生间是否干净整洁，地面是否有明显积水、异味，便池是否干净无明显污物	15		
	6	茶水间是否地面干净无积水，热水器是否有专业清洗消毒记录，表面是否干净无明显污迹，沥水篮内是否有明显杂物堆积	10		
	7	保洁用具是否摆放整齐，公共区域是否没有随意摆放、乱扔乱放	10		
	8	记录每个楼层是否有保洁人员日常消毒记录，并按期存档	10		
		合计	100		
检查人签字		项目负责人签字		日期	

6. 实践岗位4：学生公寓公共生活设施日常管理维护巡查员

1）巡查公共照明设施是否完好，灯具是否有损坏。

2）巡查水龙头、冲水阀是否完好，有无松动。

3）巡查下水管是否松动渗漏、地漏是否存在堵塞。
4）巡查公共区域及教室门窗、室内课桌椅有无损坏。
5）巡查各类开关、插座有无损坏、松动。
6）巡查热水器能否正常使用,有无滴漏。
7）巡查洗衣房设备是否能够正常运行及使用,设备是否完好无损坏。
8）巡查智能化管理系统性能是否良好,运行是否正常,设施是否完好无损坏。

生活区域巡检工作现场如图 6-18 所示,学生公寓公共生活设施日常巡查及评分标准见表 6-11。

图 6-18　生活区域巡检工作现场

表 6-11　学生公寓公共生活设施日常巡查及评分标准

岗位	序号	巡查内容	评分	得分	备注
公共生活设施	1	公共照明设施是否完好,灯具是否有损坏、脱落	20		
	2	水龙头、冲水阀是否完好,有无松动和跑冒滴漏	10		
	3	下水管是否松动渗漏、地漏是否存在堵塞导致排水不畅	10		
	4	公共区域及教室门窗、室内课桌椅有无损坏	15		
	5	各类开关、插座有无损坏、松动	15		
	6	热水器能否正常使用,有无跑冒滴漏	10		
	7	洗衣房设备是否能够正常运行及使用,设备是否完好无损坏	10		
	8	智能化管理系统性能是否良好,运行是否正常,设施是否完好无损坏	10		
合计			100		
检查人签字			项目负责人签字		日期

7. 实践完成情况评价

1）能够及时准确地发现存在问题（30%）。
2）正确详细地记录问题的相关信息（20%）。
3）对检查出的问题进行归类汇总（10%）。

4）将汇总后的问题提报相关部门（10%）。

5）对提报问题进行跟踪、落实，对相应管理使用部门（人员）进行回访（30%）。

6）每组撰写一份巡检实践报告，包括巡检准备情况、巡检实施过程、巡检内容结果汇总、总结分析报告、存在问题的改进提升方案。

6.4 实践项目4：高校消杀劳动实践项目

6.4.1 概述

1. 引例

新冠疫情暴发以来，习近平总书记多次做出重要指示，强调各级党委、政府及有关部门要把人民群众的生命安全和身体健康放在第一位，制定周密方案，组织各方力量开展防控，采取切实有效措施，坚决遏制疫情蔓延势头。当前，全国上下形成了抗战疫情的统一战线，各行各业涌现出了大量的防疫、抗疫感人事迹。2020年11月9日晚，"英雄的人民　人民的英雄——全国抗击新冠肺炎疫情先进事迹报告会"在中央电视台播出，13名报告人向全国人民做报告。其中，有"共和国勋章"获得者钟南山院士，有"人民英雄"称号获得者张伯礼、张定宇、陈薇等，也有奋战在抗疫一线的医生、志愿者等优秀代表，图6-19是四位抗疫英雄。

图6-19　抗疫英雄

疫情就是命令，防控就是责任。消杀，作为疫情防控的最后一道防线，已经成为人民群众日常生活的重要组成部分。○

○ 资料来源：央视网，英雄的人民　人民的英雄——全国抗击新冠肺炎疫情先进事迹报告会。

2. 高校消杀

1）高校学生来自全国各地，校园学生聚焦密度大，科学、规范地做好消杀可以消除各种病毒及其传播途径，有效预防疾病发生和流行传播，保障师生员工的生命安全与身体健康。消杀过程由专业人员使用专业设备和专用药剂，按照一定的标准、操作规范完成。

2）高校消杀区域包括办公场所、教学场所及实验室、宿舍区、食堂餐厅、图书馆、体育场馆、各类活动中心、办事窗口和服务中心等。所有区域必须全覆盖消杀，不留死角，并及时拍照、记录存档，责任到人。

3. 高校消杀劳动实践项目的特点

1）学生需掌握疫情防控知识，提升对突发疫情防控和应急处置的能力，科学保护自己，积极参与防疫公益活动。

2）消杀需要按照国家卫生防疫防控要求规范操作，消杀人员要熟悉消毒剂的配制、消毒器械的使用和维护等，使用可靠的消毒方式及科学的消毒剂量进行消毒操作。大学生参加这个劳动项目，可以充分体验劳动规范性和专业性的重要，具有推广意义。

3）本劳动项目适用对象是具有一定劳动素质的本科生。实施以班级为单位，根据任务模块，学生自行组队，依次完整地完成消杀劳动实践项目。

4. 高校消杀劳动实践项目的培养目标

1）让大学生了解消杀员岗位职责，掌握其通用技能；能进行一级防护，清洁消毒对象，正确使用日常清洁、消毒工具，分清不同清洁剂和常用消毒剂的用途；掌握不同区域消杀工作的控制要点，掌握一定的规范操作、安全防护和服务社会的基本知识技能。

2）养成良好的卫生习惯。床单、被褥要勤洗勤晒；定时定期用除菌消毒洗衣液清洗衣物；餐具要定期用100℃的沸水煮沸消毒15~30min，然后控干保存，做到一人一具一用一消毒。

3）通过班级分组的形式完成，有助于培养大学生团结协作的劳动精神。

6.4.2 高校学生公寓日常消杀劳动实践

1. 进行消杀员岗位素养培训，掌握消毒基础知识，体验消毒员职业岗位职责

1）了解一级防护的定义、要求，掌握一级防护用品的使用方法。消杀工作时，会接触到一些有毒的药剂、有传染性的病毒，必须做好防护隔离工作。一级防护是隔离防护级别之一，又称基本防护。具体要求：①穿工作服、隔离衣，戴工作帽和医用防护口罩。②每次消杀和接触高频接触物后，要立即进行手清洗和消毒。在流水下，淋湿双手；取适量洗手液（肥皂），均匀涂抹至整个手掌、手背、手指和指缝；认真搓双手至少15s；在流水下彻底冲净双手；擦干双手，取适量护手液护肤。③接触可疑的体液、分泌物、排泄物等物质时要戴手套。

一级防护用品包括一次性使用帽子、一次性使用隔离衣、一次性使用手套，以及一次性使用外科口罩。一级防护状态下，每四个小时更换一次性外科口罩。

2）消杀员岗位职责主要是负责分配区域的清洁卫生、消毒杀菌，提高场所的卫生环境。消杀员必须具备一定的岗位素养，诚信守信，遵纪守法；爱岗敬业，忠于职守；规范操作，安全防护；认真负责，主动耐心；节约材料，保护环境，这样才能安全、保质保量地完成消杀工作。

3）常用消毒液见表6-12。

表6-12 常用消毒液

种类	使用说明	实物
84消毒液	84消毒液是一种有效氯含量5.5%~6.5%（体积分数）的高效消毒剂，需稀释后进行使用，一般配比为1∶100。 使用方法：拖把拖洗；喷雾器喷洒	
酒精	酒精属于醇类消毒剂，能够吸收细菌和病毒蛋白的水分，使其脱水变性凝固，从而达到杀菌灭活的目的。酒精属于易燃易爆品，使用时需要远离明火。 使用方法：禁止以喷雾的方式使用，推荐抹布擦拭	

2. 进行岗位分工并明确岗位职责

学生公寓消杀包括预防性消杀和终末消杀。预防性消杀是对学生公寓公共区域内门窗、把手、地板、墙壁、桌椅、餐饮具等高频接触的物体进行的消毒；终末消杀是对疑似、无症状感染者、确诊病例生活、学习的场所及活动的公共区域，在属地疾控和防控指导员的指导下开展的消杀工作。学生公寓日常消杀劳动实践项目属于预防性消杀，按照预防性消杀的规范操作来完成。按照劳动实践内容的四个任务模块分设四个消杀岗位：门厅大堂消杀员、走道楼梯消杀员、公共卫生间消杀员和宿舍消杀员。

3. 根据学生公寓消杀劳动实践内容，做好个人防护

消杀劳动项目开始前，要严格按照要求做好个人防护，正确佩戴口罩、穿戴一次性防护服，防止因个人疏忽造成传染。

1）正确佩戴口罩。鼻子夹侧朝上，深色面朝外（或褶皱朝下）；上下拉开褶皱，使口罩覆盖口、鼻、下颌；将双手指尖沿着鼻梁金属条，由中间至两边，慢慢向内按压，直至紧贴鼻梁；适当调整口罩，使口罩周边充分贴合面部；佩戴口罩后，手部不能接触口罩。

2）正确穿脱防护设备。正确佩戴口罩；戴帽子；穿防护服；带防护眼镜；穿鞋套或者胶鞋；将手套套在防护服袖口外面。整个过程双手不能接触面部任何部位。

脱去防护服时，摘下防护镜，放入消毒液；解开防护服拉链；将橡胶手套放入消毒液，如果是一次性手套，必须将里面朝外放入指定塑料袋中；脱下胶鞋放入消毒液中，如果是一次性鞋套，必须将鞋套里面朝外放入指定塑料袋中；脱帽子时，先将手指反掏进帽子，将帽子轻轻摘下，里面朝外放入指定塑料袋中；摘口罩时，一手按住口罩，另一只手将口罩带摘下，放入指定塑料袋中，双手不能接触面部；最后洗手消毒。

4. 做好消杀前的材料和工具准备

1）清洁材料和工具。抹布、水桶、清洁毛巾、扫帚、撮子、拖布、垃圾袋、尘推、玻璃刮、羊毛套、玻璃水等。

2）消杀材料和工具。基本消毒药品，包括84消毒液、含氯消毒剂、75%酒精、免洗洗手液；防护器具，包括一次性医用外科口罩、手套；防控器具，包括测温设备、喷壶、紫外线消毒灯；防护服、护目镜、防护胶鞋等。

3）清洁消杀用的材料、工具需分区域使用，卫生间的清洁消杀工具要单独摆放。消毒剂具有一定的腐蚀性，对皮肤也有一定的刺激性，老师要安排专人领取、保管，建立登记制度。

5. 分组完成消杀劳动实践

学生公寓消杀劳动项目必须严格按照国家规定消杀流程，实行分层、分区域、分项目实施网格化管理，详细记录消杀的时间、次数、消杀人、负责人、检查员等信息。在项目实施过程中，禁止除项目消杀员以外的闲杂人员进入消杀区域；逐人检查口罩正确佩戴，未佩戴口罩禁止上岗；逐人检查防护服是否正确穿戴；每位消杀员在消毒脚垫上搓擦或喷洒消毒液进行鞋底消毒。

（1）岗位1：学生公寓门厅消杀

1）消杀前完成日常清洁工作。确保大厅地面无烟头、纸屑、果皮等杂物，无明显灰尘、污渍；大厅玻璃门无手印和灰尘，不锈钢表面光亮、无污渍；墙面光亮整洁，没有灰尘；标牌、开关、厅内陈设等公共设施用毛巾擦拭至没有明显污渍；垃圾桶周围地面无散落垃圾、无污水；垃圾桶无污迹、无油污。

2）消杀实施。

① 按照先上后下、先左后右的顺序，依次用酒精擦拭或喷洒门厅门窗、把手、桌椅、标牌、开关、厅内陈设等公共设施，不留死角。

② 遵循自上而下、由里向往的原则，用配置好的84消毒液先喷湿大厅墙壁和地面；垃圾桶用500~1000mg/L的含氯消毒剂喷洒。

③ 30min后开窗通风，保持公寓大厅内的空气流通，并用清水擦拭、清洁门厅门窗、把手、桌椅、标牌、开关、厅内陈设等公共设施；用拖布把厅堂门口拖洗干净；擦净垃圾桶，换上新的垃圾袋。

3）消杀结束。一次性消毒用品扔进指定垃圾袋，非一次性消毒工具必须用清水冲洗后晾干，按照一级防护步骤正确洗手。

（2）岗位 2：学生公寓走道楼梯消杀

1）消杀前完成日常清洁工作。走道、楼梯的清扫，应目视楼道地面、梯级洁净；没有污渍、水渍、灰尘；楼梯扶手的擦拭，扶手护栏干净、光亮，没有明显脏污；楼梯转弯处窗户、窗台的擦拭和维护，玻璃、门窗应保持干净；走道及楼梯内顶灯、墙壁、开关、标牌等设施的擦拭，应目视干净，没有杂物、污迹；垃圾桶周围地面无散落垃圾、无污水；垃圾桶无污迹、无油污。

2）消杀实施。

① 按照先上后下、先左后右的顺序，依次用酒精擦拭或喷洒楼梯扶手、栏杆，楼梯转弯处窗户、窗台，走道的顶灯、墙壁、消防栓、开关、标牌、地脚线等公共设施，不留死角。

② 遵循自上而下、由里向外的倒退原则，用配置好的 84 消毒液喷湿楼道、楼梯；用 500～1000mg/L 的含氯消毒剂喷洒垃圾桶。

③ 30min 后开窗通风，保持公寓楼道内空气流通，并用清水擦拭、清洁楼梯扶手、栏杆，楼梯转弯处窗户、窗台，走道的顶灯、墙壁、消防栓、开关、标牌、地脚线等公共设施；用拖布把楼道、楼梯拖洗干净；擦净垃圾桶，换上新的垃圾袋。

3）消杀结束。一次性消毒用品扔进指定垃圾袋，扎紧垃圾袋口，按照医疗垃圾分类处理；非一次性消毒工具必须用清水冲洗后晾干；按照一级防护步骤正确洗手。

消杀楼梯一般是倒退作业，应注意安全，防止发生跌落事故。

（3）岗位 3：学生公寓公共卫生间消杀

1）消杀前完成日常清洁工作。冲洗便池，及时清除污垢，保持便池洁净无黄渍；收集垃圾，倾倒手纸篓；拖擦地面，地面没有水迹和污迹；墙壁、天花板、排风扇应没有灰尘、蜘蛛网；隔断、门窗、洗手台的清洁擦拭，确保洁净无渍。

2）消杀实施。

① 在卫生间门口放置消杀工作标志牌，禁止使用。

② 用酒精擦拭或喷洒公共卫生间门窗、把手、洗手盆、洗手盆台面、镜面、金属器件和水龙头等；用配置好的 84 消毒液喷湿坐便器或蹲坑、便池；用 500～1000mg/L 的含氯消毒剂喷洒地面、垃圾桶。

③ 30min 后打开门窗，通风透气，保持公共卫生间内空气流通，并用清水擦拭、清洁门窗、把手、洗手盆及台面、镜面、金属器件和水龙头等；用拖布把地面拖洗干净；擦净垃圾桶，换上新的垃圾袋。

④ 30min 后，拿走放在卫生间门口的消杀工作标志牌，卫生间正常使用。

3）消杀结束。一次性消毒用品扔进指定垃圾袋，扎紧垃圾袋口，按照医疗垃圾分类处理；非一次性消毒工具必须用清水冲洗后晾干；按照一级防护步骤正确洗手。

6. 消杀结束后,分组按岗位不同填写消杀工作记录表

公寓消杀工作记录表,见表6-13。

表6-13 公寓消杀工作记录表

消杀时间	消毒剂名称	消毒方式(喷洒、擦拭、浸泡)	作用时间	消杀人员

公寓门厅消杀岗位服务检查及评分标准见表6-14。

表6-14 公寓门厅消杀岗位服务检查及评分标准

岗位	序号	检查内容	评分	得分	备注
大厅	1	一级防护检查	30		
	2	消毒液正确选择、使用	20		
	3	消杀过程规范性(顺序、方法、通风时间等)	30		
	4	消杀结束操作	20		
		合计	100		
检查人签字		项目负责人签字		日期	

注意事项

清洁和消毒工作是一体的。虽然清洁药剂也可以起到消毒的作用,但是清洁药剂不能替代消毒药水,两者更不能混合使用(注意84消毒液不能和洁厕精混合使用)。

完成情况评价

指导老师要全程参与现场消杀工作,查看现场消毒的规范性和相关消毒记录。项目结束后,检查人(老师或组长)对所在小组工作完成情况进行汇报总结,点评各个岗位表现的优缺点。小组成员对所完成的实践项目进行自我评价,整改、提出完善性修改计划。小组成员之间交流不同岗位的心得体会。学生公寓消杀实践评价见表6-15。

表6-15 学生公寓消杀实践评价

评价项目	自评结果(30%)	互评结果(30%)	师评结果(40%)
消杀过程规范、个人防护、安全遵守情况(15%)			
消杀态度、劳动精神(15%)			
消杀项目过程评价(20%)			

（续）

评价项目	自评结果 （30%）	互评结果 （30%）	师评结果 （40%）
消杀项目完成评价（40%）			
消杀实践项目执行报告（10%）			

成果形式

1）每组依次完成公寓保洁劳动项目的三个任务模块。

2）每组撰写一份劳动实践项目执行报告，包括保洁理论知识学习情况、任务组织实施、完成情况，项目总结（改进方案、体会和总结）。

参考文献

[1] 吴顺. 工匠精神：传承与创新［M］. 北京：中共党史出版社，2018.

[2] 周丽姐，董晓晨. 大学生安全教育［M］. 上海：同济大学出版社，2019.

[3] 何卫华，林峰. 大学生劳动教育理论与实践教程［M］. 厦门：厦门大学出版社，2019.

[4] 杨婧娴. 基于生活劳动的大学生劳动教育实践［J］. 长江丛刊，2020（34）：98-129.

[5] 王芸. 大学生创新思维训练教程［M］. 上海：同济大学出版社，2018.

[6] 刘向兵. 新时代高校劳动教育论纲［M］. 北京：社会科学文献出版社，2019.

[7] 赵章彬. 高等职业院校劳动文化建设与创新研究［M］. 北京：中国农业大学出版社，2019.

[8] 李福平. 物业管理学［M］. 上海：复旦大学出版社，2002.

[9] 陈友铭. 物业管理［M］. 北京：高等教育出版社，2002.

[10] 马小辉. 大学生安全教育［M］. 杭州：浙江大学出版社，2011.

[11] 杨玲，孔庆红. 火灾安全科学与消防［M］. 北京：化学工业出版社，2011.